하루하나 365일,
챌린지 인생 문장

하루하나 365일,
챌린지 인생 문장

1년은

사람이 바뀔 수 있는

충분한 시간

조희 지음

365 one a day,

challenge wise saying

RITEC
CONTENTS

저는 문학, 철학, 경영, 자기계발을 넘나드는 자유로운 책 한 권을 저술하고 싶었습니다. 그래서 독서를 하고 요약하는 일을 꾸준히 해왔습니다. 책을 정리하는 과정에서 수많은 문장이 저에게 인생 문장으로 다가왔습니다. 특히 큰 울림을 주었던 몇 문장들은 삶을 긍정적으로 바꾸는 데 결정적인 영향을 주었지요.

이러한 과정은 심리학자 바르크(Bargh), 첸(Chen), 버로우스(Burrows)의 실험으로도 증명된 적이 있습니다. 연구원들은 대학생 무리를 두 그룹으로 나눈 뒤 2개의 강의실로 분산 배치하였습니다. 그리고는 한 그룹은 노인들의 삶과 운동 억제에 대한 리포트를 작성하게 하고,

다른 그룹은 반대로 청년들의 삶과 스포츠 활동에 대해 리포트를 작성하게 했지요. 결과는 놀라웠습니다. 노인에 관한 리포트를 작성했던 그룹은 그 후 '마치 노인처럼' 움직였고, 청년에 관한 리포트를 작성했던 그룹은 '활기차고 역동적으로' 움직였습니다.

이와 같은 결과가 도출된 이유는 뇌가 감정적인 경험을 저장하기 때문입니다. 뇌는 무의식적으로 수많은 인상을 처리해 행동으로 전환하는데, 이 과정은 의식이 알아차리지 못하는 사이에 진행되죠. 짧은 실험으로도 사람의 행동이 바뀌는 것을 볼 때, 책 속의 짧은 문장 하나도 인생에 정말 많은 영향을 줄 수 있다고 확신합니다.

1년은 사람이 바뀔 수 있는 충분한 시간입니다. 저와 함께 365일 한 문장 여행을 완주하고 나면 당신의 사고도 틀림없이 처음과 많이 달라져 있을 거라고 믿습니다.

조희

차 례

달콤한 환상 꿈같은 사랑, 열정의 계절
105

지금부터 당신과 365일을 함께할 이 책을 어떻게 사용해야 할지 소개합니다. 요즘 대세인 '챌린지'를 컨셉으로 한 책인 만큼 꼼꼼하게 사용법을 숙지하고 읽기 바랍니다.

먼저, 이 책에는 한 꼭지당 세 개의 체크박스가 있습니다. 바로 '읽기'와 '결심하기' 그리고 '인생 문장' 체크박스입니다.

☑ **읽기**
☑ **결심하기**
☑ **인생 문장**

첫 번째 체크박스는 '읽기' 체크박스입니다. 처음 이 책을 읽을 때, 오늘 읽어야 할 문장 하나를 읽었다면 체크박스에 표시를 해주세요. 그러면 며칠 동안 챌린지를 중단하게 되어도 전에 어디까지 봤는지 확인하기 쉬울 거예요.

두 번째 체크박스는 '결심하기' 체크박스입니다. 하나의 꼭지가 끝나고 다음 꼭지로 넘어가기 전 다시 한번 빠르게 지금까지 읽었던 꼭지를 훑어보면서 도전과 변화를 두려워하지 않겠다는 결심을 한 뒤 체크박스에 표시를 해주세요. 한 번 읽었을 때와는 또 다른 느낌을 받으며 머릿속에 확실히 각인될 거예요.

세 번째 체크박스는 '인생 문장' 체크박스입니다. 결심하기를 하면서 유독 기억에 남았던 문장을 골라 체크박스에 표시해주세요. 책을 완독한 후, 부록으로 실린 '나의 인생문장집' 20개를 채우는 미션에 도움을 줄 거예요.

부록은 '인생 문장' 체크박스에 표시한 문장 중에서 20개를 선정해서 필사하면서 자기만의 인생문장집을 만드는 미션이에요. 아래 QR 코드를 찍어 접속하면 출판사에서 진행하는 챌린지 미션 이벤트에도 참가할 수 있습니다.

운명에 맞서
개척하는 인생,
도전의 계절

미래는 개척하는 자에게 주어지니 큰 기회를 만났을 때 확실히
잡아야 합니다. 만약 기회가 오지 않을 경우, 직접 그 기회를 만
들어야 합니다. 발전을 원한다면 과거에서 벗어나 미래를 향한
도전을 시작해 보세요.

시도를 두려워해서는 안 됩니다. 긴 인생에서 보면 그러한 도전
과 실패 없이 성공도 없기 때문입니다. 혹시 후회할까 두려워서
아무것도 하지 않고 있나요? 도전하지 않았다는 사실에 후회하
고 싶지 않다면 지금 당장 무언가를 하세요. 자기 운명에 맞설 수
있는 것은 오직 자신뿐입니다.

☐ 읽기
☐ 결심하기
☐ 인생 문장

지구별 여행자

원숭이가 골프공을 떨어뜨린 바로 그 자리에서부터 여행을 시작하라.

마음챙김의 시_류시화 편

　　인생은 예기치 못한 순간의 연속입니다. 하지만 인도의 철학은 하나의 깨달음을 주는데요. 골프 경기 중에 원숭이가 골프공을 마음대로 주워가서 경기를 방해해도 원숭이가 골프공을 떨어뜨린 그 자리에서 경기를 시작하라는 것입니다.

　　우리는 이런 유연한 자세를 통해 인생을 훨씬 관대한 마음으로 대할 수 있습니다. 오늘은 예기치 못한 순간을 마주하더라도 슬쩍 웃고 넘어가 보는 게 어떨까요?

☐ 읽기
☐ 결심하기
☐ 인생 문장

멋지게 복수하기

복수해주려고 했는데 모든 괴로움이 나한테로 쏟아졌어.

그러니까 당신도 살아_오히라 미쓰요

우리는 흔히 복수를 꿈꿉니다. 집단 따돌림을 당했던 일본인 작가 오히라 미쓰요도 그랬다고 해요. 하지만 그녀는 복수에 성공하지 못했습니다. 오히려 자신이 괴로웠죠. 상대방을 찌르는 방식은 진정한 복수가 아니기 때문이었습니다.

상대방을 포용할 수 있는 승자가 되는 것. 그것이 바로 진짜로 멋진 복수가 될 수 있습니다. 오늘은 평소 내가 싫어했던 사람에게 더 나은 내가 되는 방식으로 복수해보세요.

☐ 읽기
☐ 결심하기
☐ 인생 문장

고독을 즐기는 법

고독을 향유하는 수준이 못되더라도,
고독을 견디는 법을 배우는 것이 중요하다.

몰입의 즐거움_미하이 칙센트미하이

인생은 고독의 연속이죠. 이런 고독의 순간을 어떻게 견디느냐가 인생에서 중요한 일입니다. 고독을 즐기는 방법을 하나씩 가져봅시다. 그것은 취미생활일 수도 있고, 단순히 시간을 보내는 방법일 수도 있겠죠.

고독에 대응할 방법이 없다면 외로울 것입니다. 오늘은 혼자일 때 무엇을 하며 시간을 보낼지 고민해 보세요.

☐ 읽기
☐ 결심하기
☐ 인생 문장

토끼보다 거북이

사람의 일생은 무거운 짐을 지고
먼 길을 걸어가는 것이기 때문에 절대 서두르면 안 된다.

도쿠가와 이에야스 인간 경영_도몬 후유지

　사람들은 조급합니다. 모두 빨리 빨리를 외치죠. 하지만 그런 속도 경쟁의 시대에서도 자신의 속도를 지킨 사람이 도쿠가와 이에야스입니다. 그는 그 자신의 특유한 인내력으로 전국 시대를 종결시키고 천하를 지배할 수 있었습니다. 그 인내의 시간이 무려 18년이라고 해요. 빠른 것만 좇는 사람이라면 그의 인내를 한번 배워 보는 것이 어떨까요.

　오늘은 귀갓길 버스를 차분하게 기다려보는 것도 나쁘지 않겠습니다.

□ 읽기
□ 결심하기
□ 인생 문장

걱정인형의 걱정

걱정의 40%는 절대 현실로 일어나지 않는다.
걱정의 30%는 이미 일어난 일에 대한 것이다.

마침표를 찍어라_현대성공과학연구원

　　우리가 하는 걱정의 대부분은 하지 않아도 되는 걱정이라
고 해요. 하지 않아도 될 걱정으로 인해 스트레스가 커지면
우리의 건강까지 해칠 수 있고요.

　　치명적인 병을 유발할 수 있는 걱정 중독은 노력으로 벗어
나야만 합니다. 오늘은 걱정을 대신에 해 줄 걱정인형을 마련해
보는 건 어떨까요?

DAY 6

물방울로 돌덩이 뚫기

세상의 어떤 것도 집요함을 당할 수는 없다.

아이디어 모드_잭 포스터

비 내리는 날 돌에 떨어지는 빗방울을 본 적이 있나요? 끊임없이 떨어지는 물방울들은 그 단단하다는 돌덩이에 구멍을 뚫기도 합니다. 이처럼 한 곳을 향한 끊임없는 집착은 문제의 해결을 돕는다고 볼 수 있습니다.

어떤 일이든 마찬가지입니다. 계속 그 일을 생각하고 문제 해결을 위해서 노력한다면 길은 열릴 것입니다. 하고 싶었지만 도전하지 못하고 있던 일이 있다면 오늘부터 조금씩 시작해 보세요.

DAY

7

☐ 읽기
☐ 결심하기
☐ 인생 문장

부정에서 긍정으로

장기적으로 필사적인 노력을 하겠다는 각오를 하면
우리의 태도를 완전히 바꿀 수 있다.

세일즈 성공 전략_브라이언 트레이시

태도가 중요하다는 말이 있지요. 그런 태도를 어떻게 바꿀 수 있을까요. 세계적 세일즈맨인 브라이언 트레이시는 장기적으로 필사적인 노력을 하라고 말합니다.

부정적인 태도에서 긍정적인 태도로, 자신 없는 태도에서 자신 있는 태도로, 이기적인 태도에서 이타적인 태도로 우리는 변화할 수 있습니다. 그것은 끝까지 노력하겠다는 다짐에서 나오게 됩니다. 오늘만은 평소 부정적이었던 나의 태도를 긍정적으로 바꾸어보세요.

□ 읽기
□ 결심하기
□ 인생 문장

최후의 깨달음

깨달음을 찾는 길에서는 아무도 나 자신을 대신할 수 없다.

상대적이며 절대적인 지식의 백과사전_베르나르 베르베르

깨달음은 남이 해줄 수는 없는 일입니다. 교사가 어느 정도까지는 도와줄 수 있어도 결국 최후의 깨달음은 본인 스스로의 마음에서 오는 것입니다. 그것은 때론 매우 힘든 일이기도 하죠.

하지만 그 길을 거치지 않고 깨달은 사람은 없습니다. 무언가를 깨우치기 위해서는 그런 힘든 길을 걸어가야 하지요. 오늘 하루 새롭게 깨달은 바가 있나요? 있다면 짧게 한 줄 적어보세요. 무엇이든지 좋습니다.

DAY
9

☐ 읽기
☐ 결심하기
☐ 인생 문장

시간을 길들여라

모든 스트레스 가운데 50% 정도는
시간의 부족에서 오는 스트레스이다.

시간관리와 자아실현_유성은

　시간이 없다는 말을 자주 하나요? 그 이유는 시간 관리가
되지 않기 때문입니다.

　시간이 부족할 때 우리는 스트레스 상태에 빠지게 됩니다.
하지만 평소에 시간을 잘 관리하는 사람은 그런 스트레스를
극복하죠. 장기적인 계획이 부담스럽다면 일단 오늘 하루 계
획만 세워 보세요.

□ 읽기
□ 결심하기
□ 인생 문장

DAY 10

천재를 이기려면

누구든 어떤 분야에서든 10년씩 연습하면
자연스럽게 높은 수준으로 올라갈 수 있다.

스켑틱_마이클 셔머

    대부분 천재를 부러워합니다. 하지만 그들 역시 10년 이상 고된 노력을 했던 사람들이죠.

    이 사실은 우리에게 희망을 주지요. 천재가 아닐지라도 천재에 비견할 수 있는 능력을 10년 노력으로 가질 수 있다고 말해주고 있기 때문입니다. 오늘은 앞으로 성공하고 싶은 분야를 정해 조금이라도 노력해 보세요.

☐ 읽기
☐ 결심하기
☐ 인생 문장

인생 바꾸기 프로젝트

성공하고 싶다면, 삶의 변화를 추구하고 싶다면
딱 1년만 미쳐라.

좋은 성공_김승남

당신은 미쳐 본 일이 있나요? 그런 적이 없다면 딱 1년만
어떤 일에 미쳐보는 것은 어떨까요. 그렇게 하면 삶을 변화
시킬 수 있습니다. 1년이면 그렇게 긴 기간도 아닙니다. 평균
수명을 80세라고 가정해 봅시다. 그중 1년이라면 80분의 1에
해당하는 아주 짧은 시간이죠. 그런 짧은 시간을 투자해서
삶 전체를 바꿀 수 있다면 혁신적인 일 아닐까요.

믿는 자에게는 길이 열리는 법입니다. 오늘 하루부터 인생
바꾸기 1년 프로젝트를 실행해 보는 것은 어떨까요?

□ 읽기
□ 결심하기
□ 인생 문장

DAY
12

지금 희망 찾기

성공의 법칙은 명확하다.
성공하고 싶은 사람은 지금 이 자리에서 우선 성공을 해야 한다.

회사가 희망이다_한근태

사람들은 누구나 성공하고 싶어 하지요. 성공의 자리는 어디에 있을까요? 저자 한근태는 성공이란 바로 지금 이 순간 바로 이 자리에 있는 것이라고 말합니다.

그렇기에 고된 업무가 주어지는 회사일지라도 희망이 될 수 있죠. 오늘 출근하면 이 회사에서 무엇이라도 배워가겠다는 마음가짐으로 업무에 임해 보세요.

☐ 읽기
☐ 결심하기
☐ 인생 문장

화 대신 사랑을

화가 없으면 인간은 왕과 같은 기분으로
살 수가 있습니다.

화를 다스리면 인생이 달라진다_알루보물레 스마나사라

　인간은 모두 왕과 같이 살기를 원하지요. 하지만 왕이 되는 길은 지위와 재산을 늘리는 데만 있는 것은 아닙니다. 마음속의 화를 온전히 몰아낼 수 있다면 그 사람은 바로 왕과 같은 마음으로 살 수 있는 것이죠.

　오늘부터는 화를 덜 내는 연습을 해 보세요. 화 대신 사랑을 선택한다면 당신의 인생도 달라질 수 있습니다.

☐ 읽기
☐ 결심하기
☐ 인생 문장

실천할 결심

끊임없이 결심만 하는 삶이
결심조차 하지 않는 삶보다는 희망이 있다.

마시멜로 이야기_호아킴 데 포사다

살을 빼겠다, 담배를 끊겠다와 같은 결심들은 대부분 지켜지지 못합니다. 하지만 실망할 것은 없습니다. 인간이란 원래 태어날 때부터 강철 같은 의지와 실천력을 갖추고 있는 존재가 아니기 때문이지요.

그렇기에 결심을 지키지 못하더라도 거기에서부터 새롭게 시작하는 마음가짐이 필요합니다. 오늘부터 꾸준히 결심하는 습관을 들이겠다고 결심해 보세요. 계속 결심을 하다 보면 언젠가는 그 결심이 실현되는 날이 올 것입니다.

DAY
15

☐ 읽기
☐ 결심하기
☐ 인생 문장

미래 관점으로 보기

성공적인 삶을 살아가는 사람은 미래의 관점에서
현재를 바라볼 수 있는 능력을 가진 사람이다.

자기긍정의 힘_이민규

　　과거와 현재에 집착하다 보면 큰일을 할 수 없지요. 과거에
지나간 것과 현재에 중요한 것을 구분하기 어렵기 때문입니
다. 하지만 미래의 관점에서 긴 시간을 놓고 보면 그러한 일들
이 시간이 흘러 어떤 결과들을 낳을 것인지 알 수 있습니다.

　　미래의 관점을 갖기 위해서는 우리가 그 시점까지 달성해
야 할 목표를 세우는 것이 중요한데요. 미래의 더 큰 만족을
위해서는 지금의 만족을 잠시만 보류해보세요.

DAY
16

☐ 읽기
☐ 결심하기
☐ 인생 문장

어떤 대가를 치를 것인가

좋은 습관을 지키려면 대가를 치러야 한다.
때론 쾌락과 기회를 포기해야 할 수도 있다.

나는 오늘부터 달라지기로 결심했다_그레첸 루빈

　과정 없는 결과는 없습니다. 그리고 그 과정이란 쉽지 않은 대가를 요구하죠. 결과를 뻔히 알면서도 당장은 쉬운 선택을 하는 경우가 많은데, 그 선택에서 등을 돌려야 비로소 좋은 습관을 들일 수 있습니다.

　오늘은 달라지기 위해 어떤 대가를 치를 것인지 생각해 보세요. 결과만을 원하지 말고 그 과정을 받아들이세요.

☐ 읽기
☐ 결심하기
☐ 인생 문장

자신부터 사랑하라

반드시 먼저 당신을 돌보아야 한다.
먼저 자신을 기쁘게 하라.

시크릿_론다 번

현대사회는 피곤한 사회입니다. 늘 긴장하여 남들의 눈치를 보면서 살아가야 하죠. 그렇게 타인의 시선에 신경 쓰다 보면 정작 돌보아야 할 자신을 내버려 두는 경우가 많습니다.

오늘은 남보다 나에게 잘 보이기 위한 하루를 살아보는 게 어떨까요? 그것은 이기주의가 아니라 자신을 사랑하는 사람의 현명한 선택입니다.

☐ 읽기
☐ 결심하기
☐ 인생 문장

기다림 끌어안기

요컨대 기다림이란 사실 기쁨을 늘리는 행위이다.

이젠 정말 지쳤어_사이토 시게타

기다림을 좋아하는 사람이 있을까요? 무언가를 마음 졸이며 기다리는 행위는 그 자체로 힘든 일이죠.

하지만 기다림이 꼭 나쁜 것만은 아닙니다. 무언가를 오랫동안 기다리는 것은 그 결과가 좋은 경우 기쁨을 배가시키는 역할을 하죠. 기다림을 통해 기쁨이 더 커지는 것입니다. 오늘은 무언가를 차분히 기다려보는 건 어떨까요? 간단한 소망이라도 좋습니다.

☐ 읽기
☐ 결심하기
☐ 인생 문장

레일을 벗어나자

인생에 정답이라는 형태는 없습니다.
눈앞에는 그저 빈 공간뿐, 내가 걸어가는 그곳이 나의 길이 됩니다.

잠깐 흔들려도 괜찮아_야쓰오카 료겐

인생이라는 이름으로 불리는 레일을 따라 목적 없이 걷고 있는 건 아닌가 막막해질 때가 있지요. 사람들은 이미 깔린 레일이 편하고 좋은 것이라고 말합니다.

하지만 정해진 코스를 따라가기만 한다면 오히려 행복과 멀어질 수 있습니다. 오늘은 남들이 걷는 길이 아닌 나만의 길은 어떤 모습인지 상상해 보세요. 보지 못했을 수도 있던 좋은 경치를 마주할 수도 있을 테니까요.

☐ 읽기
☐ 결심하기
☐ 인생 문장

하늘을 나는 꿈

그들은 언제나 하늘을 나는 꿈을 꾸고 있었다.

데일 카네기 인간관계론_데일 카네기

세계 최초로 비행기를 만든 라이트형제의 이야기를 들어 본 적 있을 겁니다. 당신도 라이트형제와 같은 꿈을 꾸고 있 나요? 생계를 위해서 다른 일을 하고 있더라도 가슴속 깊은 곳에 꿈을 간직한 삶은 아름답죠.

그렇게 자신의 꿈을 간직하고 나아가는 사람은 언젠가는 자신의 꿈을 이루게 될 날이 올 테니까요. 오늘은 내가 지금 버는 돈으로 미래에 어떤 꿈을 이루고 싶은지 그려 보세요.

☐ 읽기
☐ 결심하기
☐ 인생 문장

지속성의 힘

꾸준한 지속성이 실력입니다.

나를 천재로 만드는 독서법 _서상훈

꾸준하다는 말은 무엇일까요? 꾸준함과 동일어는 매일매일이라고 생각합니다. 매일매일에 충실할 수 있을 때 실력을 갖출 수 있습니다.

물론 이런 지속성은 쉽게 갖출 수 있는 것은 아닙니다. 꾸준한 노력과 주의를 기울여야 얻을 수 있는 것이기 때문이죠. 하지만 매일 약간의 고통을 뛰어넘어 실천할 수 있다면 당신도 당당한 실력자가 될 수 있을 것입니다. 꾸준함을 기르고 싶다면 포기하지 말고 이 문장집부터 소화해 보세요.

DAY
22

☐ 읽기
☐ 결심하기
☐ 인생 문장

불행도 재산

불행도 재산이므로 버리지 않고 단단히 간직해둔다면
언젠가 반드시 큰 힘이 되어 나를 구원한다.

약간의 거리를 둔다_소노 아야코

경험이야말로 자신만이 쌓을 수 있는 소중한 재산입니다.
행복한 나날만 계속되는 인생은 없지요. 불행 속에도 행복의
씨앗이 숨어 있습니다.

오늘부터는 불행한 일을 겪고 좌절하기보다는 그 안에서
나만의 씨앗을 찾아내 보려 노력해 보세요. 이는 훗날 좋지
않은 경험을 겪더라도 앞으로 나아가는 힘을 갖게 해줄 테니
까요.

☐ 읽기
☐ 결심하기
☐ 인생 문장

몰입

내가 어떤 것을 좋아하는지 알고 난 후
다른 것은 생각도 안 했습니다.

1만 시간의 법칙_이상훈

일본 애니메이션의 살아 있는 신화라고 불리는 미야자키 하야오의 말입니다. 그는 좋아하는 일은 1만 시간을 쏟아붓는다고 할지라도 지루할 틈이 없다고도 말했죠. 왜냐하면, 그것을 진정으로 좋아하고 즐기기 때문입니다.

최고의 자리에 오르고 싶나요? 그렇다면 좋아하는 일을 하세요. 좋아하는 일이 무엇인지 모르겠다면 지금부터 1만 시간을 해도 버틸 수 있는 일을 찾아보세요.

DAY
24

☐ 읽기
☐ 결심하기
☐ 인생 문장

뇌 과학 독서법

독서는 뇌가 새로운 것을 배워 스스로를
재편성하는 과정에서 탄생한 인류의 기적적인 발명이다.

똑똑해지는 뇌 과학 독서법_김호진

    인간은 책을 읽도록 창조되지 않았습니다. 책과 인간의 뇌는 어떤 연관도 없는 관계였습니다. 그 무관한 사이에 관계를 만든 것이 바로 독서죠. 독서는 뇌를 자극하여 발달시킵니다. 책을 통한 학습과 다양한 경험이 뇌를 자극하면서 시냅스 연결망이 새롭게 생성됩니다. 결국, 기억과 학습은 시냅스의 물리적 재편성의 결과인 것입니다.

    오늘은 독서를 하며 시냅스 연결망을 재정비해보세요.

☐ 읽기
☐ 결심하기
☐ 인생 문장

사소한 일은 사소하게

나는 인생에서 실패하는 가장 큰 이유는
사소한 일에 목숨을 걸기 때문이라고 믿는다.

네 안의 잠든 거인을 깨워라_앤서니 라빈스

성공과 실패를 가늠하는 분수령은 바로 목표를 향한 집중력에 있습니다. 성공한 사람은 목표를 세워 그 목표에만 레이저처럼 집중하지요. 이에 반해 실패하는 사람은 목표 의식이 불분명하고 사소한 일에 목숨을 걸고요. 여기에서 성공과 실패가 갈리게 되는 것입니다.

오늘부터 자신의 목표에만 집중하는 삶을 살아보세요. 삶이 훨씬 단순해질 뿐만 아니라 자신의 목표를 달성할 확률도 증가할 것입니다.

☐ 읽기
☐ 결심하기
☐ 인생 문장

참견 대신 응원을

모든 인간관계의 문제는 다른 이의 참견 때문에 발생한다.
우리가 할 수 있는 것은 응원뿐이다.

인생에 지지 않을 용기_알프레드 아들러

남에게 너무 신경 쓰게 된다면 간섭하게 되고, 참견하게 되지요. 자신의 과제를 내버려 두고 타인의 과제를 해서는 안 됩니다.

인생은 혼자 걷는 길입니다. 그러니 오늘부터는 다른 사람을 지시하지도 다른 사람의 지시나 간섭에 휘둘리지도 마세요. 그냥 스스로 자신의 길을 잘 걸어갈 수 있도록 조용히 응원할 수 있는 사람이 되세요.

☐ 읽기
☐ 결심하기
☐ 인생 문장

활짝 열린 세상의 문

포기하고 싶은 순간 승리는 시작된다.

학급긍정훈육법_제인 넬슨 외

우리는 살면서 많은 벽에 부딪힙니다. 그리고 그 결과 어떤 일을 포기하고 싶어 하죠. 하지만 포기의 유혹을 조금만 버티고 기다리면 승리의 순간이 옵니다. 포기와 승리의 거리는 그다지 멀지 않다는 이야기입니다.

절대 긍정의 마음을 가지고 있는 사람은 포기하지 않습니다. 그래서 승리할 수 있었지요. 오늘은 과거에 포기했던 일을 다시 한번 시도해 보세요. 단, 긍정적인 마음을 잃지 말고요.

☐ 읽기
☐ 결심하기
☐ 인생 문장

장부를 불태우자

빚을 돌려받으려고 마음속에 적어둔 장부가 있다면,
당장 태워버리는 게 좋다.

침묵 입문_코이케 류노스케

상대에게 보상을 원하는 욕망에 휘둘리면, 우선 자신의
마음이 채워지지 않아 괴로워집니다. 또 욕망 때문에 예민해
진 모습이 상대에게 추하게 보여 결국 상대와도 멀어지게 됩
니다. 마음속에 장부가 있다면 관계는 틀어지고 말아요.

돌려받겠다는 생각보다는 관계를 돈독하게 만들 생각을
먼저 해 보세요. 오늘은 마음속에 적어둔 장부를 불태우는
날입니다.

☐ 읽기
☐ 결심하기
☐ 인생 문장

새로운 것을 생각하는 능력

창의성의 진정한 원천은 열정이다.

이기는 습관_전옥표

당신은 얼마만큼의 열정을 가지고 있나요? 열정의 크기는 창의성을 결정한다고 합니다. 더 열정적인 사람일수록 창의성도 풍부한 셈이죠. 새로운 것을 생각하는 능력을 갖출 수 있다면 더 성공할 확률도 높겠고요.

미래사회를 주도하는 창의적인 사람이 되고 싶나요? 그렇다면 오늘은 평소 감추고 있던 뜨거운 열정을 드러내 보세요.

☐ 읽기
☐ 결심하기
☐ 인생 문장

나를 웃게 하는 단 한 사람

세상을 움직이려 하지 말고 한 사람의 마음을 움직여라.
그러면 세상이 움직인다.

그러니까 당신도 써라_배상문

한 사람의 마음이 움직일 때 세상 역시 움직일 수 있는 것입니다. 베스트셀러 작가 무라카미 하루키의 정신이 그랬다고 합니다. 하루키는 열 명의 새로운 독자 중에서 한 명이라도 자신의 문장이 마음에 들어 다시 찾으면 만족했다고 하네요.

오늘은 열 명의 사람이 나를 화나게 하더라도 신경 쓰지 말고 나를 웃게 하는 단 한 명의 사람에게 잘해야겠다는 마음가짐을 가져보길 추천합니다.

DAY
31

☐ 읽기
☐ 결심하기
☐ 인생 문장

소외된 이웃들에게

이상한 일도 있습니다.
이렇게 추운 밤인데 나는 지금 매우 따뜻해졌어요.

행복한 왕자_오스카 와일드

　　행복한 왕자라는 이야기에는 가난한 이웃들에게 모든 것을 나누어주는 왕자와, 이를 돕는 제비가 나옵니다. 제비는 사람들을 돕고 나서 오히려 행복에 잠깁니다.

　　소외된 이웃에게 따뜻한 관심을 기울이는 것은 소외된 이웃뿐만 아니라 도움을 주는 당사자의 가슴도 따뜻하게 만드는 일일 것입니다. 오늘은 믿을 만한 기부처를 찾아 소액이라도 기부해 보세요.

☐ 읽기
☐ 결심하기
☐ 인생 문장

피 한 방울 묻히지 않고

싸우지 않고 이기는 게 진정한 승리이다.

마흔에 읽는 손자병법_강상구

흔히 '승리'라고 하면 싸워서 이기는 것만을 생각합니다.

하지만 손자병법을 썼던 손자는 한 수 높았습니다. 손자는 싸우지 않고 이기는 것이 진정한 승리라고 말합니다. 손에 피 한 방울도 묻히지 않고 승리하는 것을 진정한 승리라고 생각했던 것이죠. 오늘부터는 무조건 싸우려고 하지 말고 싸우지 않고 이기는 방법에 대해서 생각해 보는 것은 어떨까요?

☐ 읽기
☐ 결심하기
☐ 인생 문장

계산기 두드리지 않기

일주일에 그날 하루 두 시간만큼은 '내가 화가다'하고
화가의 인생을 즐기세요. 그렇게 하면 기적이 일어나요.

너 외롭구나_김형태

우리는 어떤 일을 할 때 계산부터 먼저 하죠. 그러나 계산을 잘하는 사람은 의외로 성공으로 가는 길과는 멀어질 수 있습니다. 성공이란 것은 계산기에 두드려서 이루어지는 일이 아니기 때문이니까요. 오히려 사심 없이 그 일을 즐기는 사람에게 성공은 문득 옆으로 찾아오게 됩니다.

오늘은 한 시간이라도 내어 그동안 하고 싶었던 일에만 몰입해 보세요.

☐ 읽기
☐ 결심하기
☐ 인생 문장

자신과의 싸움

검은 상대를 베기 위한 것이 아니라
내 마음속에 생기는 자만심과 잡념을 베기 위한 것이오.

미야모토 무사시의 오륜서_미야모토 무사시

천하무적의 검성이라고 불리는 무사시는 상대방과 싸우지 않았다고 해요. 그가 한 일은 끊임없이 자기 자신과 싸우는 것이었습니다. 그리고 그 싸움에서 이기자 그는 천하무적의 검성이 되었습니다.

자기 자신의 싸움에서 이긴 사람은 남을 이길 수 있고, 자신과의 싸움에서 진 사람은 남을 이길 수 없습니다. 오늘은 타인이 아닌 내 마음속의 자만심과 맞서 싸워보세요.

☐ 읽기
☐ 결심하기
☐ 인생 문장

차이에 대한 마음가짐

성격 차이란 없다. 오해와 실수는 있을 수 있다.
그러나 의지만 있다면 그런 것들은 얼마든지 바로 잡을 수 있다.

서로를 이해하기 위하여_폴 투르니에

　　자신과 성격이 완전히 잘 맞는 사람을 만날 수는 없습니다. 인간관계의 시작은 서로 맞는 부분에서 시작하지만, 시간이 지날수록 갈등이 일어나지요. 이런 갈등에 잘 대처해야 참된 인간관계를 얻을 수 있습니다.

　　오늘은 상대와의 성격 차이보다는 그 차이를 어떻게 대할 것인지 그 마음가짐에 집중해보세요.

DAY
36

☐ 읽기
☐ 결심하기
☐ 인생 문장

해내겠다는 의지

삶을 변화시키는 유일한 길은
진정한 결단을 내리는 것입니다.

거인이 보낸 편지_앤서니 라빈스

저자 앤서니 라빈스는 진정한 결단을 내린 뒤 빌딩 청소부에서 세계적인 자기계발 강사로 거듭날 수 있었습니다. 이처럼 진정한 결단이란 해내겠다는 의지를 담아서 어떤 일을 성취하는 것을 말하죠.

당신도 삶을 바꾸고 싶은 강렬한 열망이 있지 않나요? 그렇다면 지금 이 순간 결단을 내리세요. 절대로 삶을 그냥 흘려보내지 않겠다는 결단 말입니다.

☐ 읽기
☐ 결심하기
☐ 인생 문장

입단속의 기술

말을 절제하지 못하면,
십중팔구 실패의 쓴잔을 마시게 될 것이다.

당신의 입을 다스려라_로버트 제누아

효과적인 입단속 기술은 우리의 성공과 실패를 좌우하는 최고의 기술입니다. 자신의 학력과 경험, 성격은 잊어버리세요. 말을 하기 전까진 아무 일도 일어나지 않습니다. 모든 것이 우리의 입에서 나오는 말에 달려 있습니다.

말이 많은 사회에서는 조용히 자기 일에만 충실한 사람이 돋보일 수 있습니다. 오늘부터는 입단속을 철저히 하세요.

□ 읽기
□ 결심하기
□ 인생 문장

DAY 38

한발 물러서기

감정을 다스린다면 어떤 상황에서도 화를 내지 않을 수 있다.

나는 오늘부터 화를 끊기로 했다_레너드 셰프·수전 에드미스턴

이미 벌어진 상황에 대해 무섭게 화를 낼 때 우리는 두 가지 사실을 깨닫지 못하고 있을 때가 많습니다. 하나는 일어난 일이 좋은 일이 될지 나쁜 일이 될지 알 수가 없다는 점이고, 다른 하나는 이를 바꿀 수가 없다는 점이죠.

이미 벌어진 일에는 화를 내기보다 받아들이는 것이 좋습니다. 오늘은 한발 물러서서 객관적인 판단을 해 보세요.

☐ 읽기
☐ 결심하기
☐ 인생 문장

바다처럼 넓은 마음으로

물처럼 사는 인생이 가장 아름답다.

도덕경_노자

물처럼 사는 인생이란 무엇일까요? 아마도 그 의미는 바로 낮은 곳을 향해 흐른다는 뜻으로 해석할 수 있겠습니다. 사람들은 낮은 자리를 싫어합니다. 하지만 물은 기꺼이 그 낮은 곳을 향해 흐르죠.

낮은 곳을 향해 흐르는 삶은 아름답습니다. 바다가 넓은 것은 모든 물을 포용하기 때문이죠. 오늘은 바다처럼 넓은 마음으로 너그럽게 타인의 실수를 용서해 보세요.

☐ 읽기
☐ 결심하기
☐ 인생 문장

스스로를 등불 삼아

자기 자신을 의지하고 진리에 의지하라.
자기 자신을 등불로 삼고 진리를 등불로 삼으라.

일기일회_법정

혹시 다른 사람을 믿었다가 배신당한 경험이 있지 않나요? 부처님은 말합니다. "자기 자신을 의지하고 진리에 의지하라."

우리는 다른 사람이나 헛된 것을 의지하기보다는 자기 자신을 믿고 의지할 필요가 있습니다. 결국, 자신을 구할 사람은 자기 자신인 셈이죠. 오늘부터는 자기 자신을 등불 삼아 인생의 길을 한 걸음 한 걸음 나아가는 사람이 되세요.

☐ 읽기
☐ 결심하기
☐ 인생 문장

목소리를 낮추세요

내가 옳다는 말은 다른 사람은 틀렸다는 것을 의미하며,
이는 갈등과 대립을 초래할 뿐이다.

디팩 초프라의 완전한 행복_디팩 초프라

당신에게 비판받은 사람은 반드시 당신과 멀어지게 됩니다. 사람은 누구나 자신의 의견이 옳다고 생각하니까요. 타인의 의견을 수용하지 않고 함부로 판단하는 것은 공격이나 마찬가지죠.

오늘만큼은 비판하지 않는 날입니다. 좋은 관계를 유지하고 싶다면 자신의 목소리를 낮추세요. 타인의 의견을 존중하고 긍정적으로 받아들이세요.

☐ 읽기
☐ 결심하기
☐ 인생 문장

사소한 것일지라도

습관의 힘이란 위대한 것으로 자연은 인간밖에 만들지 않았는데도,
사람들은 온갖 신분의 인간을 만들어낸 것이다.

팡세_블레즈 파스칼

습관은 흔히 인간의 하인이라고 하죠. 하지만 놀라운 것
은 그 하인이 인간을 지배한다는 것입니다. 당신은 어떤 습
관을 지니고 있나요? 당신의 습관은 지금은 한낱 사소한 것
일지도 모르나 결국은 당신의 운명이 됩니다.

좋은 습관을 기르고 나쁜 습관을 고쳐나가는 것은 삶을
개선할 수 있는 가장 강력한 방법이에요. 오늘은 좋은 습관
을 기르기 위해 하나라도 시도해 보세요.

□ 읽기
□ 결심하기
□ 인생 문장

자신을 넘어서는 힘

나는 항상 자기 자신을 초극해야 하는 것이다.

짜라투스트라는 이렇게 말했다_프리드리히 니체

　우리는 때때로 자신을 극복해야 할 때가 있습니다. 어려운 시험의 순간이라거나 평가의 순간에 그렇죠. 그럴 때 필요한 것은 바로 자신을 넘어서는 힘입니다. 자신에게 항상 지고 있어서는 발전이 없으니까요.

　자신을 초극하려고 노력하고, 어제보다 나은 나를 위해서 뛴다면 당신의 미래는 달라질 수 있습니다. 오늘은 어제 내 행동 중 마음에 들지 않았던 것을 찾아 고치도록 해 보세요.

☐ 읽기
☐ 결심하기
☐ 인생 문장

DAY
44

인간이라는 나약한 존재

주저하지 말고 도움을 청해라.

호오포노포노의 비밀_조 비테일·이하레아카라 휴 렌

우리는 도움 청하기를 망설입니다. 괜한 자존심 때문일 거예요. 하지만 인간은 원래 나약한 존재입니다.

주저하지 말고 도움을 청하세요. 수렁에 빠진 당신의 인생을 원래의 궤도로 돌려놓을 수 있는 가장 확실한 방법입니다. 그렇게 도움을 청하는 습관을 지닐 때 한 걸음 더 앞서 나갈 수 있으니까요. 오늘은 평소 잘 안되던 일을 누군가에게 도와달라고 해 보세요.

DAY
45

☐ 읽기
☐ 결심하기
☐ 인생 문장

최후의 불꽃

열정은 100도에서 끓는다.
마지막 1도를 기다려라.

청소년을 위한 시크릿_박은몽

100도에 이르는 과정은 쉽지 않습니다. 99도까지 올려놓고 포기하기 때문이죠.

끈기와 인내로 다져진 사람은 절대 포기하지 않습니다. 최후의 1도를 올리고야 맙니다. 그 주인공이 당신이 될 수 있습니다. 한 번에 1도가 어렵다면 오늘은 0.1도라도 올리겠다는 마음으로 열정을 불태워보세요.

☐ 읽기
☐ 결심하기
☐ 인생 문장

계단을 걸어 올라가며

위대함은 자제력에서 시작되었다.

비터스위트_수전 케인

어떤 일을 견디지 못할 때가 있지요. 그것은 아주 큰 일일 수도 있고 때론 아주 작은 일일 수도 있습니다.

하지만 훌륭한 사람에게는 자제력이 있었습니다. 그런 자제력을 바탕으로 위대함에 도달하는 계단을 걸어 올라갈 수 있었습니다. 오늘부터 한순간 한순간을 자제력으로 살아간다면 당신의 삶도 위대함의 언덕에 이를 것입니다.

DAY
47

☐ 읽기
☐ 결심하기
☐ 인생 문장

목표는 단단한 나무 같은 것

바람은 이루어지지 않는다. 하지만 꿈은 반드시 이루어진다.

이지성의 꿈꾸는 다락방_이지성

목숨 걸고 달성하고 싶어 하는 그 꿈은 무엇인가요. 그 꿈을 향해 온 힘을 다해 전진하면 반드시 그 꿈은 이루어질 것입니다. 그것은 단지 바람과는 다른 것입니다. 바람은 바람처럼 왔다가 가버리는 유동적인 것이라면, 꿈은 흔들리지 않고 변함없는 단단한 나무 같은 것입니다.

지금 나의 꿈이 무엇인지 한 문장으로 써보세요. 그리고 그것을 이루기 위해 집중하세요.

☐ 읽기
☐ 결심하기
☐ 인생 문장

일상의 삶을 포기할 만큼

"어떻게 하면 나비가 되죠?" "날기를 간절히 원해야 돼.
하나의 애벌레로 사는 것을 기꺼이 포기할 만큼 간절하게."

꽃들에게 희망을_트리나 폴러스

　　혹시 현실에 체념한 채 살고 있지 않나요? 애벌레의 상태를 벗어나 나비가 되고 싶다면 간절히 원해야 합니다. 그것은 애벌레로 살던 일상의 삶을 포기할 만큼 간절한 열망이 필요한 것이죠.

　　열망의 크기는 현실의 개선 확률을 높여 줍니다. 원한다면 더 열렬하게 꿈꾸세요. 오늘은 잠들기 전 꿈꾸는 내 모습을 머릿속으로 그려 보세요.

☐ 읽기
☐ 결심하기
☐ 인생 문장

타인의 뒷담화

남을 헐뜯는 사람은 그 자신이 내면에 열등감을 갖고 있다.

월요일의 기적_록산 에머리크

남을 헐뜯는 뒷담화는 남을 자신보다 더 못난 존재로 깎아내리려는 시도입니다. 그렇게 하면 자기 자신은 '그나마 나은 사람'이 되는 셈이니까요.

타인을 헐뜯고 욕해서 깎아내림으로써 자신이 더 올라간다고 생각하는 것은 착각입니다. 헐뜯는 뒷담화를 하는 사람은 결국 헐뜯는 뒷담화의 대상이 된다는 것을 명심하세요. 오늘부터는 남을 헐뜯는 뒷담화를 멀리하겠다는 결심을 해보세요.

☐ 읽기
☐ 결심하기
☐ 인생 문장

실천의 힘

내가 책 읽기를 통해 배운 것은
세상은 꾸준히 실천하는 사람의 것이라는 진리이다.

생산적 책읽기 50_안상헌

평소에 책을 많이 읽는 사람이라도 실천이 없다면 무익할 뿐이지요. 우리가 독서를 할 때 항상 염두에 두어야 할 것은 어떻게 실천에 옮길 것인가에 대한 것입니다. 독서를 적게 하였다 하더라도 실천에 옮긴 사람의 인생은 바뀌게 됩니다.

책을 읽으면 늘 실천할 거리를 떠올려 봅시다. 인생을 바꿀 수 있는 유일한 길은 바로 실천이에요. 평소 생각만 하고 미뤄왔던 것들이 있다면 지금 바로 실행해 보세요.

☐ 읽기
☐ 결심하기
☐ 인생 문장

작은칼 만들기

작은 일을 능히 할 수 있어야 큰일도 잘하는 법이 아니겠소?

인간 조조_이재하

조조가 대장장이와 함께 작은 칼을 만들고 있을 때 손빈석이라는 사람이 와서 고작 칼이나 만들고 있냐고 빈정거립니다. 하지만 조조는 의연하게 작은 일을 잘해야 큰일도 잘할 수 있다고 대답합니다.

오늘은 사소한 일이라도 충실히 해 보면 어떨까요? 작은 일이 모여 큰일도 잘 해낼 수 있는 사람으로 만들어 줄 테니까요.

DAY

52

☐ 읽기
☐ 결심하기
☐ 인생 문장

에밋의 법칙

일을 미루면 좋은 결과를 내기는커녕
나중에 더 많은 시간과 노력이 든다.

일의 기본_도리하라 다카시

중대한 사안이나 새로운 도전 등은 위험성을 신경 쓰거나 완벽함을 추구하다가 실행하지 못하고 미루기 쉽습니다. 시간관리 전문가인 리타 에밋은 일을 미루면 미룰수록 나중에는 몇 배의 노력이 필요하다고 말했습니다.

일은 크게 두 가지로 분류됩니다. '해야 할 일'과 '하지 않아야 할 일'이죠. 해야 할 일은 하면 되고, 하지 않아야 할 일은 하지 않으면 됩니다. 오늘은 해야 할 일과 하지 않아야 할 일을 분류하여 적어보세요.

□ 읽기
□ 결심하기
□ 인생 문장

다시 한번 긍정한다면

절대로 낙담하면 안 된다.

마더 테레사 자서전_마더 테레사

살면서 낙담하게 되는 순간이 많이 있지요. 마더 테레사 역시 마찬가지였습니다. 낙담하게 만드는 많은 순간이 있었습니다. 하지만 그녀는 절대로 낙담하지 않았습니다. 절대로 낙담하면 안 된다는 평소의 소신에 따른 것이죠.

우리도 우리를 낙심케 만드는 것에 대해 견디어 내야 합니다. 낙담하지 않고 다시 한번 긍정한다면 상황은 우리에게 유리하게 바뀌게 되니까요. 오늘은 긍정의 힘으로 내게 불리한 상황을 유리하게 만들어 보세요.

☐ 읽기
☐ 결심하기
☐ 인생 문장

1대1공식

일이 잘 풀리지 않을 때는
머릿속에 1 대 1 공식이 자리 잡고 있지는 않은지 점검해보자.

부자의 말센스_김주하

대부분 실패자는 수많은 일을 하기보다는 1의 일을 하고 1의 결과를 기대합니다. 그러다 안 되면 포기하죠. 그러나 성공하는 사람들은 1 대 1 공식을 믿지 않는 사람입니다. 그들은 결과가 있을 때까지 끊임없이 1을 줍니다. 일이 이루어질 때까지 하면 운을 잡는 것이고, 그때를 못 기다리면 운을 놓치는 것임을 알기 때문입니다.

오늘은 1 대 1 공식을 기대하기보다는 될 때까지 무언가를 지속해보세요.

☐ 읽기
☐ 결심하기
☐ 인생 문장

고독의 사유

고독함 속에서 강한 자는 성장하지만,
나약한 자는 시들어 버린다.

세상의 통찰 철학자들의 명언 500_김태현

인생을 바꾸는 방법은 간단합니다. 바로 스스로 고독을 이겨내는 것이죠. 무엇인가 두려워 억지로 하는 어울림이 아닌 자기를 믿고 사랑하기 때문에 갖게 되는 고독의 자신감은 커다란 용기가 되어 인생의 앞길을 밝혀줍니다.

오늘은 지금까지 회피했던 고독 속에서 사유의 시간을 가져보세요. 새로운 세상을 볼 수 있을 것입니다.

☐ 읽기
☐ 결심하기
☐ 인생 문장

낙관적 언어 습관

난 낙관적 언어 습관이 바로 인내력의 열쇠라고 생각한다.

나는 까칠하게 살기로 했다_양창순

우리는 종종 어떤 일에 실패를 겪기도 하죠. 이는 성공한 사람이라도 피할 수 없는 일입니다. 하지만 성공한 자와 실패한 자는 모두 실패를 겪어도 다르게 반응합니다. 성공한 사람은 실패했어도 다시 성공할 수 있다고 끊임없이 주문을 거는 사람입니다. 그들은 늘 "난 할 수 있어."라고 말합니다. "난 안 돼."라고 포기하는 실패하는 자와는 다릅니다.

당신의 언어 습관은 어떤가요?

☐ 읽기
☐ 결심하기
☐ 인생 문장

추측 대신 질문하라

온갖 종류의 추측이 난무하는 이유는
사람들에게 직접 질문할 용기가 없기 때문이다.

인생을 단순하게 사는 100가지 방법_일레인 제임스

사람들이 무슨 말을 하면 우리는 그 말을 가지고 추측합니다. 만일 그들이 아무 말도 하지 않으면 이번에는 알고 싶은 욕구를 충족시키고, 소통하고 싶은 욕구를 대신하기 위해 추측을 하죠.

하지만 수십 년 같이 산 부부도 서로 대화하지 않으면 모두 알 수 없죠. 원활한 인간관계는 소통을 기초로 이루어지고, 다른 사람의 말을 있는 그대로 인정할 때 비로소 깊어집니다. 오늘부터는 타인에 대한 무지를 인정하고, 추측하기 대신 질문하세요.

DAY
58

☐ 읽기
☐ 결심하기
☐ 인생 문장

제물 되지 않기

다른 사람에게 자신을 증명하려는 순간 그들의 제물이 되기 쉽다.

모두에게 사랑받을 필요는 없다_웨인 다이어

인정 욕구는 부모의 재롱 욕구에서 시작되는 것 같습니다. 하지만 성인이 되어서도 다른 사람에게 잘 보이려고 하면 부작용이 발생하죠. 모든 행위의 기준이 나의 만족이 아니라 남의 만족이 되어버릴 수 있기 때문입니다.

오늘부터는 남에게 자신을 증명하기 위해 눈치 보지 말고 마음 가는 대로 행동해보세요. 충만한 자유를 누릴 수 있을 것입니다.

SESSION 1 운명에 맞서 개척하는 인생 도전의 계절 | 71

DAY
59

☐ 읽기
☐ 결심하기
☐ 인생 문장

문학으로 힐링하기

이제 더 바꿀 수 없는 일이라면 그 사실을 후회하거나 비난하지만 말고
단순하게 규정지어 버리는 것이 좋을 것이다.

말테의 수기_라이너 마리아 릴케

인간성을 상실한 시대에 순수한 영혼을 갖고 문학을 향해 정진한 청년의 고뇌를 읽다 보면, 독자는 어느새 자신의 마음속에도 이러한 원론적 고민이 있었다는 사실을 알게 되죠. 진정한 지혜란 스스로의 고민 끝에 태어나는 법입니다. "인생은 무엇인가?"라는 질문이 무시당하는 사회일수록 사람들의 교양 수준은 낮아질 것입니다.

오늘은 스스로에게 끊임없이 질문을 던지며 고민해보세요. 그리고 바꿀 수 없는 일은 단순하게 규정지어 버리세요.

☐ 읽기
☐ 결심하기
☐ 인생 문장

자투리 시간

정말로 좋은 글을 쓰고자 원한다면, 어제와 달리 오늘부터는
하다못해 전철 타는 시간에나마 책을 펼쳐 보기 시작할 것이다.

나를 바꾸는 글쓰기 공작소_이만교

당신의 삶을 바꾸기 위해 어떤 노력을 하고 있나요? 당신
이 당신의 삶을 진정으로 바꾸고 싶다면 당장 오늘부터 무언
가 변화된 행동을 해야 합니다. 그것이 하다못해 아주 작은
생활의 변화라도 좋습니다.

글쓰기 역시 마찬가지입니다. 좋은 글을 쓰고자 한다면
하다못해 자투리 시간을 이용해서 글이라도 읽어야 하죠.
삶을 바꾸는 것은 이렇게 아주 작은 데 있습니다. 오늘은 사
놓고 미뤄두었던 책을 꺼내어 한 페이지라도 읽어보세요.

☐ 읽기
☐ 결심하기
☐ 인생 문장

소통의 황금률

표현되지 않은 요구는 만족시킬 필요가 없다.

나는 왜 네가 힘들까_크리스텔 프티콜랭

　　내가 원하는 바를 분명히 말한 적 없다면 상대가 내가 뭘 원하는지 모른다고 원망해선 안 됩니다. 역으로 상대가 아무것도 요구하지 않았는데 내 쪽에서 알아서 헤아릴 필요도 없죠. 이것이 소통의 황금률입니다. 지레짐작은 치워 버리세요.

　　오늘부터는 상대방에게 바라는 것이 있다면 적극적으로 표현하세요. 또한, 상대방이 요구하지 않은 것을 베풀기 전에 먼저 물어보세요.

☐ 읽기
☐ 결심하기
☐ 인생 문장

DAY 62

진정한 친구란

인생을 함께할 수 있는 친구는 내 지위가 낮을 때나 높을 때나
아무 지위가 없을 때나 나와 함께한다.

그래도 Anyway_켄트 케이스

　　성공한 사람들은 '인생을 함께할 수 있는' 친구와 '지위로 인해 생긴' 친구가 있다는 사실을 알게 됩니다. 사회적 지위로 인해 생긴 친구나 친구인 척하는 가짜 친구와 인생을 함께할 수 있는 친구를 구분해야 합니다. 인생 친구는 당신이 지위를 잃거나 어려워진 상황에서도 외면하지 않을 친구이니까요.

　　오늘부터는 진정한 친구와 자주 만나며 깊은 관계를 유지해보세요.

☐ 읽기
☐ 결심하기
☐ 인생 문장

게으름을 벗어던지고

성공하지 못한 사람의 공통점은 게으름이다.
게으름은 인간을 패배하게 만드는 주범이다.

열정을 깨우는 마법의 편지_김영철

우리가 게을러지는 이유는 무엇일까요? 아마도 고통 때문이 아닐까요? 일찍 일어나서 일터로 나가는 것보다 늦잠을 자는 편이 한결 고통이 덜하고 달콤합니다. 하지만 그 고통을 이겨내지 못한다면 성공의 버스에 타는 것은 내일로 미루어야 할 것입니다.

조금 고통스럽더라도 오늘부터는 게으름을 벗어던지고 부지런한 삶을 살아가도록 노력하세요. 부지런함은 당신의 삶을 성공으로 이끌게 될 테니까요.

□ 읽기
□ 결심하기
□ 인생 문장

DAY 64

일을 하다가 막힐 때

새로운 사실의 발견, 전진과 도약, 무지의 정복은
이성이 아니라 상상력과 직관이 하는 일이다.

생각의 탄생_로버트 루트번스타인·미셸 루트번스타인

일을 하다가 막힐 때가 있습니다. 꽉 막혀서 아무것도 해결되지 않을 때 우리는 답답함을 느끼죠. 그럴 때 우리에게 필요한 것은 이성이 아니라 상상력과 직관입니다. 상상력과 직관은 어떨 때는 이성보다 더 힘이 셉니다.

오늘은 머릿속의 상상력을 이용해서 그리고 우뇌의 직관에 따라서 판단해 보세요. 지금까지 해결되지 않았던 문제가 일거에 해결되는 일이 발생할 수 있습니다.

□ 읽기
□ 결심하기
□ 인생 문장

꿈꾸는 양치기의 여행

행복의 비밀은 이 세상 모든 아름다움을 보는 것,
그리고 동시에 숟가락 속에 담긴 기름 두 방울을 잊지 않는 데 있도다.

연금술사_파울로 코엘료

양치기 산티아고는 매번 자신을 둘러싼 상황에 따라 변신하지만 절대 꿈을 포기하지 않음으로써 우주의 신비인 연금술의 원리를 찾을 수 있게 됩니다. 즉 양치기 산티아고처럼 단순한 마음으로 자신의 꿈을 좇을 때, 이 연금술의 비밀 혹은 '자아의 신화'는 깊은 체험의 순간으로 우리 안에서 실현될 수 있습니다.

오늘은 현실 안주, 자기만족, 질투, 두려움, 또 부정적인 측면을 보는 시야에서 벗어나 새로운 무언가를 발견해보세요.

☐ 읽기
☐ 결심하기
☐ 인생 문장

사소한 기회 붙잡기

생은 우리에게 많은 것을 허락하지 않는다.

사랑은 상처를 허락하는 것이다_공지영

　기회는 결코 여러 번 오지 않습니다. 기회를 놓치는 것은 그래서 어리석은 일이죠.

　나에게도 기회의 순간이 있었을까요? 어쩌면 그 기회의 순간이란 것은 너무도 작아 인지하지 못한 채 지나가 버렸을지도 모르죠. 오늘은 사소한 것 속에 기회가 있지는 않은지 적극적으로 찾아보세요.

☐ 읽기
☐ 결심하기
☐ 인생 문장

가지가 부러졌더라도

우리 모두 변화할 수 있다는 것을 기억하는 것은 아주 중요하다.
또 다른 삶의 위대한 진리이다. 우리는 변화하겠다고 결심해야 한다.

우울의 심리학 _ 수 앳킨슨

저는 우리의 삶이 변화할 수 있다고 믿습니다. 우리의 삶
이 단지 한번 긁고 마는 즉석 복권이 아니라고 생각하기 때문
이죠.

우리의 삶은 그런 복권이 아니라 소중하게 키워나가야 하
는 나무와 같은 존재입니다. 잎에 생채기가 나고 가지가 부러
졌더라도 다시금 가지와 잎을 키워내고 꽃을 피워내 열매를
맺을 수 있다고 생각합니다. 오늘은 나무를 가꾼다는 마음으
로 나의 삶과 마주해보세요.

☐ 읽기
☐ 결심하기
☐ 인생 문장

변화를 향해 달리는 사람

사라져 버린 치즈에 대한 미련을 빨리 버릴수록
새 치즈를 보다 빨리 발견할 수 있다.

누가 내 치즈를 옮겼을까?_스펜서 존슨

변화는 살아가면서 피할 수 없는 것입니다. 우리가 할 수 있는 것은 최대한 빨리 그 변화에 적응하는 것이라고 할 수 있죠. 이는 다윈이 말한 자연 선택과 비슷합니다. 환경에 빨리 적응하는 종만이 살아남을 수 있다는 것이죠.

우리의 삶도 정글의 법칙과 같습니다. 변화되는 환경에 빨리 적응하는 종만이 살아남을 수 있죠. 오늘도 세상은 변화하고 있습니다. 변화를 향해 달리는 사람이 되세요.

☐ 읽기
☐ 결심하기
☐ 인생 문장

내일보다 나은 자신

사람은 혼자 있는 시간이 반드시 필요하며
그 시간을 어떻게 이용하는지가 삶의 질을 변화시킨다.

생산적 책읽기 50_안상헌

　　홀로 있는 시간에 무엇을 하고 있나요. 자기계발을 위해 분투하고 있나요. 아니면 그냥 무의미한 시간을 보내고 있나요. 혼자 있는 시간에 무엇을 하고 있느냐가 삶을 결정한다고 합니다.

　　내일보다 나은 자신이 되고 싶다면 오늘은 혼자 보내는 시간을 효율적으로 쓰는 방법을 모색해보세요.

□ 읽기
□ 결심하기
□ 인생 문장

관계 고민

인간관계 문제는 평생 고민거리다.
그 고민의 대부분은 지인으로부터 생긴다.

마흔 이후는, 사람 공부 돈 공부_박길상

　지인이라고 해서 무조건 가까이 두어야 하는 것은 아닙니다. 너무 가까이하면 고민이 생길 수밖에 없기 때문이죠. 그러니 부모와 자식 관계에서도 가족의 테두리 안에 공존하면서 각자의 다른 생각들을 충분히 인정해 주어야 합니다.

　오늘부터는 가족에게 집착하기보다는 사회생활처럼 존중하는 태도를 취해 보세요.

☐ 읽기
☐ 결심하기
☐ 인생 문장

과녁이 있어야
화살을 명중할 수 있다

모든 것을 실현하고 달성시키는 열쇠는 목표 설정이다.
나의 성공의 75%는 목표 설정에 있었다고 단언할 수 있다.

용혜원의 긍정의 기적_용혜원

　　목표는 중요합니다. 과녁이 있어야 화살을 명중할 수 있는
것과 같죠. 목표는 그런 과녁의 역할을 합니다.

　　목표가 있는 삶은 강력합니다. 왜냐하면, 모든 힘을 목표를
향해 쏟게 하기 때문입니다. 당신은 오늘 목표를 세웠나요? 아
직 세우지 않았다면 지금 바로 세워 보세요.

DAY
72

☐ 읽기
☐ 결심하기
☐ 인생 문장

우리의 유일한 자원

노력이라는 말은 나에게는 남보다
더 많은 시간을 들인다는 것과 같은 말이다.

학문의 즐거움_히로나카 헤이스케

노력이라는 의미는 남보다 더 많은 시간을 들인다는 말입니다.

남보다 세 배로 더 일을 빠르게 하면 좋겠지만 그런 일은 실제로 일어나지 않습니다. 시간을 아껴서 더 많은 시간을 투자하는 것 만이 해법이 될 수 있겠죠. 오늘은 허투루 쓰는 시간이 없도록 힘써보세요.

☐ 읽기
☐ 결심하기
☐ 인생 문장

두려움을 이겨내고

글을 쓰고 싶다면 무조건 컴퓨터 자판을 두드려라.

실행이 답이다_ 이민규

무조건 행동하는 것이 답입니다. 생각만으로 일이 완성되지 않습니다. 과감한 실행만이 유일한 해법이라고 생각합니다. 그렇다면 생각을 행동으로 옮기는 데 방해가 되는 것은 무엇일까요?

그것은 바로 두려움입니다. 실패할 것이라는 두려움을 이겨내고 생각을 행동으로 바꾸어야 합니다. 그래야 우리의 삶을 진정으로 변화시킬 수 있습니다. 오늘 당장 행동하세요. 행동하는 것이 답입니다.

☐ 읽기
☐ 결심하기
☐ 인생 문장

눈덩이가 굴릴수록 커지듯

소신을 굽히지 않는 사람들이
사회를 변화시킨다.

따뜻한 독종_서거원

당신에게는 소신이라는 게 있습니다. 당신이 당신의 소신을 포기하지 않는다면 그것은 힘을 더합니다. 눈덩이가 굴릴수록 커지듯 당신의 소신도 언젠가는 뜻을 이룰 수 있습니다. 소신을 포기하지 마세요.

오늘은 내가 가지고 있던 소신을 당당하게 밝히는 날입니다.

☐ 읽기
☐ 결심하기
☐ 인생 문장

사회적으로 강력한 인맥

강력한 네트워크는 정말로 도움이 필요한 사람에게
손길을 내밀어 쌓을 수 있는 것입니다.

굳은 생각 깨부수기_하세가와 마사아키

사회적으로 강력한 인맥은 어려울 때 서로 도와줄 수 있는 인맥입니다. 이런 인맥은 본인이 먼저 도움을 줄 때 만들 수 있습니다. 당신에게 필요한 사람만 찾지 말고 당신을 필요로 하는 사람을 만나세요.

오늘 우리는 도움이 필요한 사람을 외면하지 않고 손길을 내밀 수 있는 사람이 되어야 합니다.

DAY
76

☐ 읽기
☐ 결심하기
☐ 인생 문장

관계 정리하기

관계를 끊는다는 건 고통스러운 일이지만
계속 끌고 가는 것도 고통스럽기는 마찬가지이다.

용기의 심리학_모린 스턴스

　　서로의 다른 점을 받아들이지 못해서 누군가와 끊임없이 갈등이 일어나지는 않나요? 인간관계는 기본적으로 서로 맞지 않는 부분이 있어도 최대한 좋게 이끌어가려는 노력이 필요합니다. 하지만 계속해서 고통을 주고받는 관계라면 과감히 정리할 필요도 있습니다.

　　오늘은 고통을 주고받았던 사람과 관계를 정리해보세요. 서로의 발전을 위해 예의를 갖추는 것은 필수입니다. 그리고 더 좋은 사람을 만날 거란 믿음을 가지세요.

☐ 읽기
☐ 결심하기
☐ 인생 문장

깜지 쓰기의 숨은 뜻

양으로 승부하는 사람은 주저앉아 있을 시간이 없다.

나카타니 아키히로의 행복어 사전_나카타니 아키히로

깜지 쓰기를 숙제로 내주는 선생님이 있었습니다. 그때는 비효율적인 방법이라고 느꼈지만 지금 와서 생각하면 양의 중요성을 일깨워 주기 위해서 그런 숙제는 내주었던 것이 아닌가 싶어집니다.

위대한 작품도 수많은 작품 중에서 어쩌다가 하나씩 나오는 것입니다. 일단 양을 늘리세요. 그러면 질도 향상되는 효과를 가져올 수 있습니다. 가끔은 질보다 양으로 승부해 보세요.

☐ 읽기
☐ 결심하기
☐ 인생 문장

타인에게 자비심을 가져라

다른 사람의 고통을 이해할 때 우리는 그를 응징하려는
생각을 버리고 오히려 돕고자 하는 마음을 가질 수 있다.

화_틱낫한

너 나 할 것 없이 고통스러운 삶 안에 있습니다. 그것은
세상이 고통의 바다이기 때문입니다. 우리는 그런 타인을 진
심으로 돕고 있나요? 타인의 고통을 이해하고 있는 사람이라
면 타인을 진정으로 돕고자 하는 마음을 가질 수 있습니다.
그럴 때 우리의 마음은 평화에 잠기게 됩니다.

마음속의 화를 물리치는 방법은 타인에 대해 자비심을
가지는 것뿐입니다. 오늘도 마음 수련을 통해서 마음속의 자
비심을 키우는 일을 멈추지 마세요.

☐ 읽기
☐ 결심하기
☐ 인생 문장

인생을 아낌없이 살아갈 힘

죽음은 우리 인생의 가장 큰 스승이며 가장 큰 공부입니다.

달팽이가 느려도 늦지 않다_정목

죽음이 없다면 삶의 의미는 크게 반감되지 않을까요? 죽음이 있기에 진정한 삶을 살아갈 수 있는 것은 아닌지 모르겠습니다.

죽음 앞에서 인간은 그동안의 삶을 반성하게 되고, 인생을 아낌없이 살아갈 힘을 얻게 됩니다. 오늘은 죽기 전 꼭 해봐야 할 버킷리스트를 작성해보세요.

☐ 읽기
☐ 결심하기
☐ 인생 문장

남다른 무언가

남보다 1시간 더하는 것, 1페이지를 더 써내는 것 등
남과 다른 것을 해내야 실행력에 자신감이 생긴다.

김미경의 드림온_김미경

남과 똑같다면 발전이 없겠죠. 우리의 삶도 마찬가지입니다. 남보다 무언가 달라야 합니다. 남보다 일을 더 하든지 아니면 남다른 무언가를 찾아내든지 해야 합니다. 그럴 때 우리는 자신감을 가지고 살아갈 수 있습니다. 0.1퍼센트라도 남과 다른 일을 한다는 것, 그것이 바로 실력이 아닐까요?

우리는 실력을 쌓기 위해서 오늘도 남다른 무언가를 해야 합니다. 당신은 남다른 무언가를 오늘도 하고 있나요?

DAY 81

☐ 읽기
☐ 결심하기
☐ 인생 문장

끊임없이 흐르는 물줄기처럼

전문가가 되는 유일한 길은 자신이 좋아하는 일을
하루도 쉬지 않고 꾸준히 반복하는 것이다.

버킷리스트_ 강창균·유영만

잠깐 흐르는 물줄기의 힘은 미약합니다. 하지만 반복해서 끊임없이 흐른다면 그것은 단단한 바위조차도 변화시킬 수 있습니다.

우리가 하는 일 역시 마찬가지입니다. 남들이 하지 않는 일을 반복해서 했을 때 하루는 그저 시시한 일에 지나지 않겠지만 그것이 1년이 쌓이고 10년이 쌓이면 남들이 따라가지 못할 역사가 될 거예요. 오늘도 좋아하는 일을 반복하여 전문가의 위치까지 올라 보세요.

DAY
82

☐ 읽기
☐ 결심하기
☐ 인생 문장

최악을 가정하라

최악의 경우를 예상하고 있으면
막상 일이 닥치더라도 견뎌낼 수가 있다.

거래의 기술 _ 도널드 트럼프

우리는 긍정적인 사고를 무조건 좋은 것으로 생각하기 쉽습니다. 하지만 긍정적인 사고뿐만 아니라 부정적인 사고 역시 중요합니다. 그것은 일의 거래에서 특히 필요한 일이죠. 최악의 경우의 수를 예상하면 상황이 나쁘게 흘러가더라도 의연하게 대처할 수 있습니다.

오늘은 최악의 경우부터 예상하세요. 당신을 더욱 강하게 만들어 줄 테니까요.

☐ 읽기
☐ 결심하기
☐ 인생 문장

봄이 되면 마법과도 같이

시련을 이겨내는 자는 그가 이루려는 목적을 이루고
그가 얻으려는 것을 얻어낼 수 있다.

마흔셋, 묵자를 만나다_친위

살면서 종종 시련을 맞습니다. 이때 중요한 것은 시련을 이겨내는 것이죠. 여름에 잎이 무성했던 나무를 추운 겨울에 본 적이 있나요? 잎이 하나도 없습니다. 앙상한 가지만 남아서 죽은 것만 같습니다.

하지만 비바람과 눈을 맞으면서도 나무는 그 추위를 참고 이겨냅니다. 그리고 봄이 되면 마법과도 같이 싹을 틔우죠. 오늘은 시련을 이겨내면 결국 자신이 원하는 것을 이룰 수 있다는 진리를 마음속에 새겨보세요.

☐ 읽기
☐ 결심하기
☐ 인생 문장

2개월의 법칙

2개월은 사람의 마음을 여는데 걸리는 평균시간이다.
힘든 상대라도 2개월 꾸준히 노력하면 만남이 이루어진다.

하루 1시간 인맥관리_김기남

일면식도 없는 사람을 만나더라도 2개월 정도 꾸준히 연락하고 만나면 신뢰가 쌓일 수 있는 기반이 닦이고, 설령 만나기 어려운 상대라도 최소 2개월 꾸준히 연락을 취하며 미팅을 희망하면 반드시 그 만남은 이루어집니다.

그러니 가까워지고 싶었던 사람이 있다면 2개월 정도 꾸준히 노력해 보세요.

☐ 읽기
☐ 결심하기
☐ 인생 문장

실패에 매몰되지 않기

이것은 시련이지 실패가 아니다.
나는 생명이 있는 한 실패는 없다고 생각한다.

시련은 있어도 실패는 없다_정주영

저도 실패는 없다고 생각합니다. 그것은 단지 시련일 뿐입니다. 눈을 뜨면 사라지는 악몽처럼 시련도 시간이 지나며 사라지니까요. 다시 시작하면 성공할 수 있습니다. 실패를 실패로 받아들이지 않는 것이 중요합니다. 우리가 실패에 매몰되면 다시 시작할 수 없습니다.

오늘은 어떤 일에 성공하지 못하더라도 실패라고 생각하기보다는 시련이라고 생각하고 넘겨보세요.

☐ 읽기
☐ 결심하기
☐ 인생 문장

대응력

부자가 되려면 '무슨 일이 일어났느냐가 아니라
'어떻게 대응하느냐'에 달렸다.

보도 섀퍼의 돈_보도 섀퍼

　인생에 대한 꿈은 누구한테나 있습니다. 하지만 자신이 꿈꾸는 대로 인생을 사는 사람은 그리 많지 않죠. 바로 '돈' 때문입니다. 그래서 우리는 부자가 되기 위해 노력하며 결심합니다.

　그러나 결심만으로는 부자가 되지 않습니다. 가장 중요한 것은 '무슨 일'이 일어났느냐가 아니라 '어떻게' 대응하느냐입니다. 오늘은 부자가 되려면 '어떻게' 행동할 것인지 생각해 보세요.

☐ 읽기
☐ 결심하기
☐ 인생 문장

DAY 87

머물러있는 것은
후퇴나 다름없다

어떤 경우라도 단념하지 않고
전진을 계속하는 자만이 최후에 승리한다.

놓치고 싶지 않은 나의 꿈 나의 인생_나폴레온 힐

인생이란 끝없는 전진입니다. 매일 1cm라도 꾸준히 나아가는 사람이 최후의 승리자가 될 수 있죠. 오늘 하루도 전진하는 삶을 살았나요? 중요한 것은 멈춰 있는 것은 후퇴라는 사실입니다. 남들이 오늘도 한 걸음 나아가고 있기에 머물러있는 것은 후퇴나 다름없는 것이죠.

치열한 경쟁 사회에서 남들에게 뒤처지지 않으려면 전진해야 합니다. 오늘도 정신 차려 한 걸음씩 천천히 나아갑시다.

☐ 읽기
☐ 결심하기
☐ 인생 문장

어떻게 완벽한 결과물을
만들 것인가

처음부터 완벽하게 만들고 싶다는 욕망을 버려라!
대신 시제품을 만드는 중이라고 자신에게 말하라.

성취 습관_버나드 로스

마음 한구석에 오랫동안 간직해온 어떤 영화의 시나리오를 쓰거나 꿈꾸던 드레스를 디자인하고 싶다면, 어떻게 완벽한 결과물을 만들 것인가에 집착해서는 안 됩니다.

완벽주의는 시작을 막을 뿐입니다. 사람은 완벽할 수 없어요. 오늘 무언가를 시작한다면 작은 시제품으로 시도해 보세요. 완벽주의를 버리고 가벼운 마음으로 시작해 보세요.

☐ 읽기
☐ 결심하기
☐ 인생 문장

쉬운 성공은 없다

성과로 이어지는 가치 있는 일들 중 상당수는
아주 어렵거나 불쾌한 측면이 있다.

버리고 시작하라_위르겐 볼프

중요한 일일수록 항상 고충이 따르지요. 한편 그다지 가치가 없는 활동을 조사해보면, 그런 일들이 일상적이고 전혀 위협적이지 않으며 심지어 즐거울 수도 있다는 사실을 발견할 것입니다.

가치 있는 도전에는 그만한 대가와 에너지가 요구됩니다. 쉬운 성공은 없습니다. 그러니 오늘부터는 노력하고, 또 노력하되 가치 있는 일에 도전해 보세요.

DAY
90

☐ 읽기
☐ 결심하기
☐ 인생 문장

파악하고 대처하기

성공의 핵심은 우선 자신의 약점을 깨달은 후
이에 대처하려는 의욕을 갖는 것이다.

나와 마주서는 용기_로버트 스티븐 캐플런

사람들이 성장하고 증진하는 데 실패하는 주요 원인은 능력이 부족하기 때문이 아닙니다. 그보다는 자신이 지닌 기량이 어느 만큼인지 혹은 기량의 역부족을 잘 알지 못했기 때문인 경우가 더 많습니다.

약점을 파악하고 대처하는 것이 자신에 대한 참된 도전입니다. 오늘은 내 약점 세 가지를 골라 메모해 보세요. 그리고 그것을 극복하기 위해 어떤 노력을 하면 좋을지 고민해 보세요.

☐ 읽기
☐ 결심하기
☐ 인생 문장

인생 협상

누군가에게 의존하지 않고 사람들이 당신을 의존하게 만든다면
인생이라는 협상에서 승리할 것이다.

고수의 협상법_신용준

인생 자체가 협상이라는 관점에서 보면 인생의 목표는 곧 욕망에 집중하는 것입니다. 당신의 욕망을 달성하는 것, 그것이 바로 협상의 시작이죠.

오늘은 주변 사람들과 사소한 것을 주제로 대화하며, 눈앞에 놓인 작고 현실적인 목표를 협상을 통해 달성하는 방법을 연습해 보세요.

달콤한 환상
꿈같은 사랑,
열정의 계절

내 안의 사랑을 다른 사람에게 나누어준다고 그 사랑이 고갈되지 않습니다. 다만 퍼내지 않기 때문에 고여 있는 물처럼 흐르지 않는 것이죠. 그러나 사랑도 너무 오래 고여 있으면 썩을 수도 있습니다. 그러니 주변으로 끊임없이 사랑을 흘려보내세요.

사랑은 나누어줄 때 늘어납니다. 사람에게서 사람으로 무한히 복제되기 때문입니다. 끝도 없이 펼쳐지는 사랑이라는 환상은 시간을 초월하여 누군가에게 가닿을 것입니다.

☐ 읽기
☐ 결심하기
☐ 인생 문장

오늘 해는 오늘만

오늘은 승자들의 단어이고 내일은 패자들의 단어라고 한다.
당신의 인생을 바꾸는 말은 오늘이라는 단어다.

꿈꿀 수만 있다면 이룰 수 있다_진희정

오늘 무엇을 하느냐가 내일을 결정합니다. 오늘 할 일을 미루고 내일부터 하자고 생각하는 사람에게는 미래가 없죠. 하고 싶은 일, 해야 하는 일들을 바로 오늘부터 시작하세요. 오늘을 제대로 살기 시작하는 사람에게 미래의 길이 열립니다.

내일이라는 단어는 유혹적이죠. 그러나 내일로 미루는 달콤함을 벗어나야 합니다. 오늘 해는 오늘만 뜹니다. 오늘을 놓치지 마세요.

DAY
93

☐ 읽기
☐ 결심하기
☐ 인생 문장

친구라는 착각

회사에서 같이 근무하는 동료를 친구라고 생각하고 있다면
그것은 당신 혼자 착각하고 있는 것이다.

커리어 독립 플랜_김경옥

　　사람들과의 관계 설정은 처음에 어떤 사이로 시작했느냐
가 아주 중요하게 작용합니다. 물론 우정이 사랑으로 발전할
수도 있고, 회사 동료가 어려움을 함께 헤쳐나가는 친구가
될 수도 있죠.

　　하지만 친구가 연인이 되는 것보다 회사 동료가 진정한 친
구가 되는 것이 훨씬 어려운 일입니다. 그러니 오늘부터는 회
사 동료가 나를 배신하더라도 덤덤하게 이겨내세요.

□ 읽기
□ 결심하기
□ 인생 문장

돈의 덕목

돈과는 확실하게 어느 정도의 거리를 두어야 한다.
간단히 말해서, 돈은 뜨겁게 사랑하되 차갑게 다루어야 한다는 것이다.

돈, 뜨겁게 사랑하고 차갑게 다루어라_앙드레 코스톨라니

　　돈 버는 비법에 대해 전설적 투자자 코스톨라니는 이렇게 말합니다. "자기 돈을 가지고 우량주에 투자하라. 그리고 수면제를 먹고 한 몇 년간을 푹 자라. 그러나 인간은 원래 '놀이하는 동물'로 타고났기 때문에 대부분 이런 충고에 귀 기울이지 않는다."

　　오늘부터는 코스톨라니의 충고를 받아들여 돈을 뜨겁게 사랑하되 차갑게 다룰 줄 아는 사람이 되려 노력해 보세요. 그것이 진짜 부자가 되는 방법입니다.

DAY
95

☐ 읽기
☐ 결심하기
☐ 인생 문장

믿음으로 극복하라

나는 자신을 사랑하는 방법에 대한 책을 모조리 읽었단 말이야.

오프라 윈프리_이윤정

　　당신은 자신을 사랑하고 있나요? 평소에 자신을 사랑하는 마음이 부족하다면 오프라 윈프리에게 배워 보세요. 그녀는 진정으로 자신을 사랑할 줄 아는 사람이니까요.

　　그녀 역시 처음부터 자신을 사랑했던 것은 아닙니다. 그녀는 성폭행당한 가슴 아픈 과거를 지니고 있었거든요. 하지만 그녀는 자신을 사랑하는 믿음으로 그 고통을 극복해 냈습니다. 당신도 가슴속에 하나둘 아픔을 가지고 있겠죠. 오늘은 자신을 사랑하는 마음으로 그 아픔을 녹일 때입니다.

☐ 읽기
☐ 결심하기
☐ 인생 문장

생생한 상상이 창조하는 것

미래를 내다보았다.
너무 눈이 부셔 견딜 수 없었다.

48분 기적의 독서법_김병완

하루에 얼마나 미래를 꿈꾸고 있나요? 미래에 대한 당신의 예감이 바로 당신의 미래가 됩니다. 눈부신 미래를 꿈꾸는 사람에게는 눈부신 미래가, 초라한 미래를 꿈꾸는 사람에게는 초라한 미래가 펼쳐질 것입니다.

인간의 상상력이란 단지 머릿속에만 머무르지 않습니다. 생생한 상상은 미래를 창조하는 힘을 지니고 있으니까요. 오늘부터 밝고 활기찬 미래를 상상해 보세요. 당신의 미래가 바뀌게 될 거예요.

□ 읽기
□ 결심하기
□ 인생 문장

줄다리기 인생

하느님도 될 수 없고 동물도 될 수 없는 것이 인간이다.
인간의 모든 고통은 바로 여기에 있다.

향연_플라톤

인간은 신과 동물의 중간에 위치하고 있습니다. 그래서 괴롭고요. 하지만 그 고뇌와 갈등 덕분에 이런 인류의 문화가 탄생하지 않았나 싶습니다. 우리가 신이 아닌 것은 불행일 수도 있지만, 또 하나의 축복이기도 합니다. 우리가 동물이 되지 않은 것은 행운일 수도 있지만 어떤 면에서는 또 불행입니다.

우리는 그렇게 동물과 신의 중간에서 줄다리기하면서 인생을 살아갑니다. 오늘은 오직 인간만이 할 수 있는 것이 무엇일지 생각해 보세요.

☐ 읽기
☐ 결심하기
☐ 인생 문장

원점으로 돌아가자

본전 생각에 매달려 있는 한,
지금은 물론 앞으로도 자유를 누릴 수 없다.

어른의 것_한상복

공부든, 일이든, 관계든 꾸준하게 이어가기 어렵다는 생각이 들거나 시간 낭비라고 여겨진다면 과감하게 접는 것도 방법이죠. 과거는 이미 지나갔습니다. 이럴 때 필요한 게 리셋 버튼이에요. 지금 바로 과감하게 리셋 버튼을 눌러야 앞으로 이어질지도 모를 인생 낭비로부터 나를 지킬 수 있습니다.

사람은 언제나 옳은 선택을 할 수 없지요. 무언가 잘못되었다는 생각이 든다면, 원점으로 돌아가 다른 길을 찾아보세요. 인생 낭비로부터 자신을 지킬 수 있습니다.

☐ 읽기
☐ 결심하기
☐ 인생 문장

가슴이 시키는 대로

세계 여행이나 하지 왜 힘든 긴급 구호를 하냐구요?
이 일이 내 가슴을 뛰게 하고 내 피를 끓게 하기 때문이죠.

지도 밖으로 행군하라_한비야

당신의 가슴을 뛰게 하는 것은 무엇인가요? 있다면 그 일을 하세요. 그 일에 기회가 있으며, 그 일에 힘이 있으며, 그 일에 미래가 있습니다. 당신이 전력으로 집중해서 몰두해야 할 일은 바로 그 일인 거죠.

하지만 현실은 그렇지 않습니다. 원하지 않는 일과 사람과 시간에 몰두해야 할 수 있습니다. 오늘은 과감히 현실을 벗어나 가슴이 시키는 대로 가보세요. 그곳에서 당신은 운명의 길을 발견할 수 있을 것입니다.

DAY
100

☐ 읽기
☐ 결심하기
☐ 인생 문장

누구에게나 힘든 순간은 온다

병든 소년에게 또 다른 거짓의 위안자가 다가와

차츰 그와 친해져서 떨어지려야 떨어질 수 없게 되었다.

수레바퀴 아래서_헤르만 헤세

가끔 힘들 때가 있습니다. 모든 것이 귀찮은 피곤한 순간이죠. 그럴 때 너무나 힘든 나머지 세상을 떠나고 싶다는 생각까지 들기도 합니다. 하지만 그런 유혹이 들 때마다 우리는 그 유혹을 물리쳐야 해요. 그것은 잘못된 생각이기 때문입니다.

누구에게나 힘든 순간이 올 수 있습니다. 하지만 많은 사람이 씩씩하게 그것을 이겨냅니다. 당신도 올바른 선택을 해야 합니다. 오늘부터 다시금 세상에 대한 희망을 품어보세요. 삶이 달리 보일 테니까요.

DAY 101

☐ 읽기
☐ 결심하기
☐ 인생 문장

공짜는 없다

자신감은 어느 날 갑자기 생기는 것이 아니다.
피나는 노력으로 기본기를 채워갈 때 비로소 만들어지는 것이다.

잠깐 멈춤_고도원

자신감이 넘치는 사람을 보면 부럽습니다. 어떻게 해서 그렇게 자신감을 가질 수 있나 궁금합니다. 하지만 그 자신감의 밑바탕에 얼마나 많은 연습과 노력이 있는지 알고 나면 그렇게 부럽지만은 않을 거예요.

자신감이 있는 사람은 실력이 있습니다. 수많은 연습과 노력으로 땀방울을 흘렸기에 얻을 수 있는 실력입니다. 우리는 그렇게 실력을 쌓기 위해 분투하는 노력을 배워야 합니다. 오늘부터 자신감 있는 사람이 되기 위해 실력을 쌓아보세요.

DAY
102

☐ 읽기
☐ 결심하기
☐ 인생 문장

내 앞길만 보기

성공하는 사람들은 남들이 무슨 생각을 하든지
거의 신경 쓰지 않는다.

긍정의 레시피_존 메이슨

우리는 다른 사람들이 나를 어떻게 생각할까 고민을 많이
합니다. 하지만 나의 인생을 남이 대신 살아줄 수는 없죠.

우리의 삶의 목적은 나만의 것을 창조하는 것이지 남에게
잘 보일 것을 만들어내는 것이 아닙니다. 자기 일에 집중하는
사람은 다른 사람에게 신경 쓸 겨를이 없고, 그렇게 일할 때
좋은 성과를 낼 수 있습니다.

☐ 읽기
☐ 결심하기
☐ 인생 문장

중독에서 벗어나라

자포자기하여 말초적인 쾌락에 빠지거나
아무리 자기를 학대해도 결코 마음의 위안을 찾을 수 없다.

나는 행복해질 운명이다_사이토 시게타

　자포자기하여 자신을 학대하고 있지는 않나요? 지나친 음주, 흡연 같은 것이 자신을 학대하는 대표적인 행동입니다. 하지만 아무리 흡연이나 음주에 의존해도 마음의 허전함은 채울 수 없습니다. 그런 행동으로 해결될 수는 없는 문제니까요.

　자신의 운명을 바꾸세요. 당신의 인생이 행복하지 않다면 그것은 당신의 생각이 잘못되었기 때문입니다. 오늘은 자신의 중독시키는 것에서 벗어나 진정한 행복을 찾아 보는 것은 어떨까요?

☐ 읽기
☐ 결심하기
☐ 인생 문장

망각의 힘

잊는 능력이 있기에 상처받았던 경험도
언젠가는 웃으면서 이야기할 수 있는 것이다.

그래도 한번 더 일어서라_진구지 쇼

　망각이 나쁜 것은 아닙니다. 망각이 있어서 우리는 기분 나쁜 일이나 괴로운 일을 잊고 살아갈 수 있으니까요. 우리의 기억력이 컴퓨터처럼 정확하게 기록되어 사라지지 않는다면 인생은 상당히 괴로울 것입니다.

　오늘은 나를 불쾌하게 만들었던 나쁜 기억들을 다 잊어버립시다. 그리고 즐겁고 행복한 기억들로 그 자리를 채워 보세요.

☐ 읽기
☐ 결심하기
☐ 인생 문장

나는 할 수 있다

어느 날, 문득, 변화를 이루어야 할 주체는
결국 나 자신이라는 생각이 들었던 것이다.

성공시스템_브라이언 트레이시

누구도 당신의 삶을 바꾸지 못합니다. 당신이 아무리 괴로운 상황에 부닥쳐 있더라도 쉽게 당신을 도와주는 사람은 없을 테니까요. 당신의 삶을 바꾸고 싶다면 당신 자신이 나서야 합니다. 오직 자기 자신만이 자신의 삶을 바꾸어 새로운 삶을 맞이할 수 있습니다. 그리고 당신은 할 수 있습니다.

일상의 작은 일부터 바꾸어 나가기 위해 시도해 보세요. 어렵지 않을 것입니다. 그렇게 작은 일부터 바꾸어 나가면 어느새 큰일도 해내는 자신을 발견할 수 있을 것입니다.

☐ 읽기
☐ 결심하기
☐ 인생 문장

쾌락과 행복의 차이

인간 본성에 비추어 극단적 쾌락주의가
행복을 가져올 수 없다는 것은 이론적 고찰에 의해 입증되고 있다.

소유냐 존재냐_에리히 프롬

쾌락이 곧 행복은 아닙니다. 곧 쾌락을 즐긴다고 해서 꼭 행복한 인생이 아니라는 것이기도 하죠. 이는 부유층의 극단적 쾌락주의가 꼭 부러워할 것만은 아니라는 것이기도 합니다.

쾌락을 선택하는 대신 행복을 선택하세요. 쾌락을 추구하는 삶에 행복이 있을 것 같지만 꼭 그렇지만은 않습니다.

☐ 읽기
☐ 결심하기
☐ 인생 문장

DAY
107

있는 그대로

거부하며 밀어내거나 굴복하거나 방황하지 말고,
삶의 진실 앞에 무릎 꿇고 인생을 경험하기를 요구합니다.

아등바등 살지 않는 기술_로저 하우스덴

　우리가 겪는 일들을 통제하려고 애쓰는 대신에, 그 일이 좋은지 나쁜지 정신적인 것인지 저속한 것인지 판단하는 대신에, 삶은 그 순간의 현실을 받아들이기를 요구합니다.

　좋은 일이든 나쁜 일이든 일어난 일은 일어난 대로 받아들여야 합니다. 감정도 마찬가지죠. 오늘은 있는 그대로 진실을 받아 들여보세요.

DAY
108

☐ 읽기
☐ 결심하기
☐ 인생 문장

일류와 초일류

일류는 남의 이야기를 듣고 실행한다.
초일류(超一流)는 남의 이야기를 듣고 궁리한다.

대화의 기술 48가지_타니모토 유카

'난 이렇게 생각해'라고 의사를 분명하게 전달하지 않으면 상대방은 '이 사람, 무슨 생각인 걸까?'라고 의문을 품게 됩니다. 그러면 관계는 거기에서 멈추고 말지요.

그러면 어떻게 하면 될까요? 답은 간단합니다. 생각을 한 번 더 궁리하여 상대방이 기분 좋게 말하도록 이끌고, 내 생각도 자연스럽게 전달해 신뢰관계를 쌓으면서 자신의 목표를 실현해 나가면 됩니다. 오늘은 누군가 내게 말을 하면 잠시 생각한 후에 반응해 보세요.

DAY
109

☐ 읽기
☐ 결심하기
☐ 인생 문장

나는 새가 아니다

난 새가 아니에요. 어떤 그물로도 날 가두지 못해요.
난 독립적인 의지를 지닌 자유로운 인간이에요.

제인 에어_샬럿 브론테

〈제인 에어〉의 주인공은 희생과 순종만을 강요하는 사회 안에서 살면서도 이에 굴하지 않고 자신이 받는 부당한 대우에 분노하고 저항하며 꿋꿋하게 살아나갑니다. 이러한 열정과 독립적인 존재로 거듭나고자 하는 자각의 과정은 현대 시대에서도 한 사람의 성장에 영향을 미칠 수 있습니다.

오늘은 사회 관습에 순종하기보다는 독립적인 의지를 갖고 행동해보세요. 평소와는 달라진 나를 느낄 수 있을 것입니다.

☐ 읽기
☐ 결심하기
☐ 인생 문장

문명과 문명이 만나는 곳에

적극적으로 이색적인 것을 체험하라.

공병호의 독서노트 창의력편_공병호

21세기는 창의력의 시대로 남다른 생각과 창의력이 있다면 부유하게 살 수도 있는 시대입니다.

창의력을 기르는 방법에는 적극적으로 이색적인 것들을 체험하기가 있습니다. 흔히 문화가 접변되는 지대에 새로운 것들이 많이 창출된다고 합니다. 문명과 문명이 만나는 곳에 창의력이 싹트는 거죠. 개인도 새로운 영역을 적극적으로 받아들이는 사람은 창의력이 넘칩니다. 오늘은 적극적으로 이색적인 것을 체험해 보세요.

☐ 읽기
☐ 결심하기
☐ 인생 문장

기회의 문

모든 시련은 나를 더 강하게 만드는 최상의 기회이다.

여자에게 공부가 필요할 때_김애리

"나를 죽이지 못하는 것은 나를 더 강하게 만든다."라는 니체의 말이 있습니다. 시련 역시 마찬가지죠. 나를 죽이지 못한 시련은 나를 더욱 강하게 만들 뿐입니다.

일상의 우리 역시 마찬가지죠. 시련이 크면 클수록 우리는 더욱 강해질 좋은 기회를 맞이하게 되는 것입니다. 오늘부터 일상의 시련에 불평하지 말고 그것을 기회의 문이라고 생각해 보세요.

DAY
112

☐ 읽기
☐ 결심하기
☐ 인생 문장

자신의 속도로 가기

인생길은 아직도 멀었다. 제 페이스를 잃지 않고
최선을 다해 뛴다면 언젠가 좋은 결실을 맺게 되어 있다.

중년에 쓰는 한 권의 책_와시다 고야타

인생은 마라톤입니다. 제 페이스를 잃지 않고 달리는 것이
가장 중요합니다. 남들이 앞서 뛴다고 따라갈 필요는 없어요.
너무 뒤에 처져 있다고 자책할 필요도 없고요.

오늘부터 꾸준히 자신의 속도로 나아가 보세요. 그러면 최
종 결승점에 도착할 수 있을 것입니다.

☐ 읽기
☐ 결심하기
☐ 인생 문장

투자의 본질

자산을 늘리는 힘은 현재 시장의 분석이 아닌,
더욱더 폭넓은 세계사 지식의 '축적'과 '응용'이라는 사실이다.

최고의 투자자는 역사에서 돈을 번다_쓰카구치 다다시

역사의 흐름을 알면 돈을 버는 방법은 저절로 보입니다. 아시아 금융 위기 때 막대한 부를 거머쥔 조지 소로스, 서브프라임 모기지론 사태 때 150억 달러라는 엄청난 수익을 올려 유명해진 존 폴슨은 하락 국면을 자기편으로 만들어 성공을 거머쥐었습니다. 이렇게 할 수 있는 힘은 바로 거시적 안목으로 현재를 분석하는 힘, 즉 '세계사관'에 있습니다.

오늘부터 세계 경제 뉴스에 관심을 가져보세요.

DAY
114

☐ 읽기
☐ 결심하기
☐ 인생 문장

햄릿의 고민

사느냐 죽느냐 이것이 문제로다.

햄릿_윌리엄 셰익스피어

"사느냐 죽느냐 이것이 문제로다." 햄릿의 명대사죠. 깊은 고민을 해 본 적이 있나요? 고민의 크기만큼 성장의 크기도 결정됩니다. 고민이 크면 클수록 더욱더 크게 성장할 수 있는 계기가 되니까요. 작은 고민을 한 사람은 작은 성장을 큰 고민을 한 사람은 큰 성장을 하게 됩니다.

고민 없는 삶이란 없습니다. 오늘은 무엇이든 좋으니 신중하게 고민해 보세요.

DAY
115

☐ 읽기
☐ 결심하기
☐ 인생 문장

세상을 밝게 변화시키려면

사람들은 누구나 다른 사람의 아픔을
자신의 아픔으로 여기며 참지 못하는 마음이 있다.

책만 보는 바보_안소영

사람에게는 누구에게나 남의 아픔을 느끼는 힘이 있습니다. 그렇기에 인간이 아름다운 것은 아닐까요? 어려운 이웃을 돕고자 하는 따뜻한 마음들이 세상을 밝게 변화시킬 수 있습니다.

오늘은 어려운 이웃의 처지에 공감해보세요. 당신의 삶도 아름다워질 수 있습니다.

□ 읽기
□ 결심하기
□ 인생 문장

다독거리고 아끼고 사랑할 때

세상의 모든 문제는 결국 자기를 미워하는 데서 시작된다.

자신감, 내 인생을 바꿀 두 번째 기회_샘 혼

자신을 미워하는 사람에게는 문제가 생깁니다. 남을 미워하는 마음도 사실 따지고 보면 자신을 미워하는 모습에서 나오는 경우가 많습니다.

자신을 다독거리고 아끼고 사랑할 때 다른 사람도 아끼고 사랑하는 사람이 될 수 있습니다. 오늘은 나도 남도, 아끼고 사랑하는 마음을 가져보세요.

□ 읽기
□ 결심하기
□ 인생 문장

진정으로 행복한 삶

행복의 첫 번째 비밀은
자신을 다른 사람과 비교하지 않는 것이다.

꾸뻬 씨의 행복 여행_프랑수아 클로로

　　다른 사람과 비교하면 행복은 우리 곁을 달아나게 됩니다. 우리보다 부자이거나 외모가 뛰어나거나 재능이 뛰어난 사람이 많더라도 그들과 비교하게 되면 불행한 마음이 들게 됩니다.

　　오늘만은 남과 나를 비교하는 마음을 버려보세요. 그러면 진정으로 자기 자신에 만족하고 행복한 삶을 살아갈 수 있게 됩니다.

☐ 읽기
☐ 결심하기
☐ 인생 문장

인간의 선악

삶을 사랑하는 사람들과 함께하면 삶을 사랑하게 되고,
죽음을 사랑하는 사람들과 함께하면 죽음을 사랑하게 된다.

사랑의 기술 _에리히 프롬

　에리히 프롬은 용서가 무조건 선한 행위인지에 의문을 품었습니다. 삶과 죽음에 선악이 없듯이, 용서 역시 스스로가 선택한 것이라고 생각했기 때문이었죠.

　오늘부터는 용서를 상대방을 위한 이타적인 행위라고 생각하지 말고 스스로가 더 편해지기 위한 선택으로 여겨보세요. 한결 마음이 가벼워질 것입니다.

DAY
119

☐ 읽기
☐ 결심하기
☐ 인생 문장

손이 없는 삶 속에서

손이 없는 대신에 사랑을 알았고, 마음의 변화를 가져왔고,
새롭게 살게 되었다.

행복한 고집쟁이들_박종인

　　소금장수 강경환 씨는 손이 없는 사람입니다. 하지만 그는 손이 없다는 것에 대해 절망하지 않고 세상에 감사하면서 살고 있습니다. 손이 없는 대신 사랑을 알았다는 말은 그의 깨달음을 나타냅니다. 손이 없는 삶 속에서 그는 한결 성숙해질 수 있었고 다른 사람을 바라볼 수 있었고 한 번 더 성장할 수 있었습니다.

　　오늘부터는 인생에 닥친 불행을 불행으로만 바라보지 말고 내 마음을 바꾸는 계기로 삼아 한 걸음 더 나아가세요.

DAY
120

☐ 읽기
☐ 결심하기
☐ 인생 문장

고쳐서 앞으로 나아간다면

틀려도 괜찮습니다.
틀리면 고치면 될 뿐이에요.

방황해도 괜찮아_법륜

우리는 틀리는 것을 두려워합니다. 어려서부터 계속해서 쳐온 시험 때문이지요. 틀린 것을 부정적으로 생각하는 못된 교육 때문에 그렇습니다. 하지만 그런 생각을 바꾸어야 합니다. 틀린다는 것은 잘못된 것도 아니고 두려운 것도 아닙니다.

틀린 것을 고쳐서 앞으로 나아간다면 틀린다는 것은 긍정적인 일도 될 수 있습니다. 오늘부터는 틀리는 것을 두려워하지 마세요. 틀린 것을 통해 우리는 한결 더 발전할 수 있습니다.

DAY
121

☐ 읽기
☐ 결심하기
☐ 인생 문장

새로운 세계로

도전은 아무도 뚫을 수 없는 강철 벽을 무너뜨리는 것이 아니라,
용기를 내서 처음 보는 문 안으로 첫 발걸음을 옮기는 것이다.

아직 끝이 아니다_김연경

'배구 황제'라고 불리는 김연경 선수는 끝없는 도전 끝에 지금의 자리에 오를 수 있었습니다. 김연경 선수는 중학생 때까지 키가 작아 주전에 선발되지 못한 채 후보 선수로 벤치에 앉아있던 시간이 길었으나 포기하지 않았습니다. 대신 벤치에 앉아 경기 분석을 하고, 수비 연습을 하며 자신의 자리에서 할 수 있는 최선을 다해 노력했습니다. 그 수많은 도전이 지금의 김연경 선수를 만든 거죠.

도전은 거창한 것이 아닙니다. 오늘은 김연경 선수처럼 끊임없이 도전하여 새로운 세계와 마주해 보세요.

SESSION 2 달콤한 환상 꿈같은 사랑, 열정의 계절 | 135

DAY
122

☐ 읽기
☐ 결심하기
☐ 인생 문장

나도 모르는 나의 속마음

"나는 누구인가?"라는 물음에 스스로 답하지 않으면
세상의 반응에만 의존하게 될 것이다.

칼 융 분석 심리학_칼 구스타프 융

대다수는 불행한 일이 닥쳤을 때 남을 탓하려고 합니다. 하지만 심리학자인 칼 융의 말에 따르면, 우리의 운명은 결국 스스로의 의식과 무의식이 만들어낸다고 해요.

오늘은 나에게 일어난 모든 일이 전적으로 내 선택으로 발생했다는 사실을 인정하고 앞으로 어떤 존재가 되고 싶은지 사고해보세요. 이러한 발상의 전환은 우리의 삶을 좀 더 주체적으로 살 수 있도록 도와줄 것입니다.

☐ 읽기
☐ 결심하기
☐ 인생 문장

자강불식이라는 말

쉬지 않고 꾸준히 차곡차곡 쌓아 올리다 보면
어느 순간 식견이 툭 터진다.

삶을 바꾼 만남_정민

식견이 있는 사람은 부러움의 대상입니다. 그 사람도 처음부터 쉽게 그런 능력을 얻은 것은 아니었습니다. 쉬지 않고 부지런하게 노력한 과거가 있었기에 현재의 그 모습에 이를 수 있었습니다.

자강불식이라는 말을 들어 보았나요? 강한 것은 쉬지 않는다는 말입니다. 꾸준하게 무엇인가를 위해 노력하는 사람의 미래는 분명 밝을 것입니다. 오늘부터 나만의 식견을 만들기 위해 노력해 보세요.

☐ 읽기
☐ 결심하기
☐ 인생 문장

무리하지 않기

요즘 직장인들에게 필요한 것은 '엑셀을 밟는 기술'이 아니라
오히려 '브레이크를 거는 기술'입니다.

하루 세 줄, 마음정리법_고바야시 히로유키

'앞으로 나아가자', '위로 올라가자'라며 마음 졸이지 말고, 주변으로 시선을 돌리고 속도를 줄여 느긋하게 가는 기술을 익혀야 합니다. 빠르게 달리는 차 안에선 바깥을 제대로 구경할 수 없죠.

요즘 너무 빠르게 달리고 있다면, 오늘부터는 조금씩 속도를 줄여가면서 여유를 되찾아보세요. 무리하지 않아야 건강한 삶을 살아갈 수 있습니다.

☐ 읽기
☐ 결심하기
☐ 인생 문장

비전의 기술

비전은 운명을 바꾸어 놓는 마법의 손길입니다.

아들아 머뭇거리기에는 인생이 너무 짧다_강헌구

마음속에 비전을 가지고 있나요? 비전은 인생의 운명을 바꾸어 놓는 마법의 손길입니다. 가슴속에 비전을 품고 사는 사람은 분명히 다릅니다. 날마다 자신의 비전 실현을 위해 애쓰는 것이죠. 현대 물질의 소비 문명 속에 현재만을 살아가는 사람과는 다른 삶을 살아가게 되는 것입니다.

오늘은 가슴속에 간절히 바라는 비전을 품으세요. 당신의 인생을 한 단계 높이 올려 줄 수 있는 마법의 기술입니다.

DAY
126

☐ 읽기
☐ 결심하기
☐ 인생 문장

남을 세워라

내가 서고자 할 때 남을 서게 하고
내가 도달하고자 할 때 남을 도달하게 하는 것이다.

논어_공자

현대인은 남보다 먼저 가려고 합니다. 타인과의 치열한 전투 끝에 승리하는 것이 자신의 목표인 사람도 많습니다.

하지만 공자의 가르침은 다릅니다. 내가 먼저 성공하기 전에 남을 먼저 성공시키라고 말합니다. 자신의 성공보다 남의 성공을 도우라고 말합니다. 이것이 양보의 정신입니다. 오늘은 양보의 정신을 통해 타인도 성공하고 자신도 성공하는 일을 마주할 수 있도록 해보세요.

☐ 읽기
☐ 결심하기
☐ 인생 문장

문제의 본질까지 파고들기

왜? 라는 질문을 다섯 번쯤 할 필요가 있다.

이건희의 서재_안상헌

　사물의 본질까지 파고드는 질문은 중요합니다. 그 질문이 바로 "왜?"라고 묻는 것입니다. 우리는 "왜?"라고 물음으로써 문제의 본질까지 파고들 수 있습니다. 그러면 해결책이 나오게 됩니다. 그것은 깊은 통찰에 의한 해결입니다.

　우리는 일상에서 갖가지 문제에 봉착합니다. 그 문제들은 복잡해서 풀 수 없을 것 같지만 그렇게 어렵지만은 않습니다. 왜라고 계속 물으세요. 그러면 문제가 풀릴 것입니다.

☐ 읽기
☐ 결심하기
☐ 인생 문장

감나무에 올라가기

올지, 오지 않을지 모르는 것은 기다려도 소용없다.
행운 같은 것은 말 그대로 행운인 것이다.

강한 나를 만드는 냉정한 지혜_키하라 부이치

반드시 오는 것은 기다릴 필요가 없습니다. 예를 들어 죽음 같은 것은 기다릴 필요가 없는 것이죠. 오지 않는 것도 기다릴 필요가 없습니다. 무언가를 기다린다는 것은 지루한 일이니까요. 그러나 많은 사람이 예상치 못한 행운처럼 불확실한 것을 무작정 기다립니다.

만약 바라는 것이 있다면 그것을 얻기 위한 행동을 해야 합니다. 감나무 밑에서 감이 떨어지길 기다리지 마세요. 평소 먹고 싶었던 감이 있다면 나무에 올라가 직접 따보세요.

☐ 읽기
☐ 결심하기
☐ 인생 문장

나부터 바뀌어야 한다

자신의 집안을 반듯하게 하고자 하는 사람은
먼저 자신의 몸을 닦았다.

대학·중용_주희

  자신의 집안 탓을 하고 있나요? 하지만 「대학」·「중용」에서는 그렇게 가르치지 않습니다. 자신의 집안을 반듯하게 세우고자 하는 사람은 먼저 자신의 몸을 닦으라고 말합니다. 여기에서 수신(修身)의 중요성을 알 수 있습니다. 먼저 자신의 몸을 닦는 것, 이것이 바로 출발점이라는 의미이죠.

  좋은 집안을 만들고 싶나요? 자신이 먼저 바뀌어야 당신의 집안도 바뀔 수 있습니다. 오늘은 먼저 자신의 몸을 닦으세요.

□ 읽기
□ 결심하기
□ 인생 문장

두려움 없애기

우리가 두려워해야 할 유일한 것은 두려움 자체이다.

사람은 무엇으로 성장하는가_존 맥스웰

우리는 두려움 때문에 많은 것을 놓치고 있습니다. 두려움 때문에 시도하지 못했던 것을 생각해 보세요. 고백하고 싶은데 두려움 때문에 좋아하는 이성을 놓친 적이 있지는 않나요. 이렇게 두려움은 우리의 인생의 폭을 좁힙니다.

두려움에서 벗어나세요. 오늘을 두려움 속에 가두어 두지 마세요.

DAY
131

☐ 읽기
☐ 결심하기
☐ 인생 문장

진짜 꿈꾸기

진짜 꿈은 누가 시키지 않아도 하는 것이며,
진짜 꿈은 잠을 줄여서까지도 할 수 있는 것입니다.

오늘도 조금씩_김우태

　　중국어를 배우고 싶다고 하면서 10년째 중국어를 배우지 않는 사람에게 중국어 배우기는 진짜 꿈이 아닙니다. 건강을 위해 운동을 해야지 하고 말만 하는 사람도 마찬가지로 운동하는 것도 그 사람에게는 진짜 꿈이 아니죠.

　　자신이 진짜 꿈을 가지고 있다면, 그 꿈을 위해 노력하고 있어야 합니다. 꿈은 행동으로 이루어집니다. 오늘은 헛된 꿈에서 벗어나 진짜 꿈을 위해 행동해보세요.

☐ 읽기
☐ 결심하기
☐ 인생 문장

거짓말이라는 증거

사람은 무언가를 접할 때 0.2~0.5초간 미세 표정을 짓는데,
아무리 뛰어난 사기꾼도 이 짧은 반응을 통제하지 못한다.

표정의 심리학_폴 에크먼

　우리 사회에는 악의적인 거짓말쟁이가 많습니다. 사기나 다
단계, 사이비 같은 속임수들이 주변에 도사리고 있는 요즘 거
짓말을 간파하는 방법은 꼭 필요하죠.

　이를 연구한 심리학자 중 잘 알려진 사람이 바로 폴 에크먼
입니다. 그는 표정, 몸짓, 목소리 등의 비언어적 커뮤니케이션만
으로 거짓말을 알아내고, 상대방이 어떤 감정 상태인지를 알
아내죠. 오늘은 누군가가 나에게 하는 말을 곧이곧대로 믿지
말고 혹시 내게 거짓말을 하는 사람이 있는지 찾아보세요.

☐ 읽기
☐ 결심하기
☐ 인생 문장

부정적인 사건에 몰두하지 마라

우리는 살면서 겪은, 잘 안되었던 일은 너무 많이 생각하고
잘 되었던 일은 별로 생각하지 않는다.

마틴 셀리그만의 플로리시_마틴 셀리그만

사람들은 잘 안되었던 일에서 도움이 될 만한 것을 찾기
보다는 그 일을 곰곰이 생각하는 데 더 많은 시간을 보내는
경향이 있습니다. 하지만 부정적인 사건에 강하게 몰두하는
것은 아무런 도움이 되지 않습니다.

중요한 것은 당신이 어떤 일을 더 많이 생각하느냐에 따
라 현재와 미래도 달라질 수 있다는 것입니다. 안 좋은 일만
100퍼센트로 일어난 사람은 없습니다. 오늘은 단 1퍼센트라
도 좋았던 기억을 떠올려 보세요.

DAY
134

☐ 읽기
☐ 결심하기
☐ 인생 문장

당신은 사랑을 해야 한다

우리의 시간을 투자할 때마다 우리는 희생을 하는 것이고,
이 희생이 사랑의 본질이다.

목적이 이끄는 삶_릭 워렌

사랑에 시간을 얼마나 쏟고 있나요? 당장 당면한 과제나 일 때문에 사랑을 가꾸고 있지 않은 것은 아닌가요. 우리의 일생은 영원하지 않습니다. 영원하지 않은 시간을 소중하게 매일 가꾸어 나가야 할 책임도 지고 있는 것이지요.

당신의 삶을 보다 충족감과 행복감에 이르게 하려면 당신은 사랑을 해야 합니다. 그리고 그 사랑은 희생을 필요로 합니다. 오늘은 당신이 사랑을 아름답게 가꾸어 나가기를 바랍니다.

DAY
135

☐ 읽기
☐ 결심하기
☐ 인생 문장

자고 나니까
모든 문제가 해결되었어

이기는 게임을 하는 사람은
성공이 하늘에서 뚝 떨어지는 게 아니란 걸 잘 알고 있어.

에너지 버스_존 고든

마법은 없습니다. 두바이 사막에 서 있는 웅장한 건축물들은 모두 인간의 노력으로 만들어진 것입니다. 그것은 신기루나 마법이 아닙니다. 모두 고된 노력과 땀방울의 흔적이죠.

우리가 이루려고 하는 일 역시 마찬가지입니다. 땀과 노력이 없다면 되는 일이 없을 것입니다. 우리는 때론 해리포터의 마법을 바라기도 합니다. "자고 나니까 모든 문제가 해결되었어." 이렇게 외치고 싶죠. 하지만 현실은 마법이 아닙니다. 오늘은 반드시 땀방울을 흘려야 합니다.

☐ 읽기
☐ 결심하기
☐ 인생 문장

과거의 포로

그 사람이 고약한 하루를 보냈다는 것은,
대체로 과거를 현재로 옮기고 있다는 것을 뜻한다.

술 취한 코끼리 길들이기_아잔 브람

　　과거에 대한 집착은 우울증을 낳습니다. 나쁜 일을 기억
하면 앞으로도 나쁠 것 같고, 좋은 일을 기억하면 현재가 아
쉽기 때문이죠.

　　오늘은 우울에서 벗어나 현재를 즐겁게 만들기 위해 노력
해 보세요. 과거를 바꿀 수는 없지만, 과거를 다루는 방법은
바꿀 수는 있으니까요.

☐ 읽기
☐ 결심하기
☐ 인생 문장

오늘을 깨워라

절대 돌아가고 싶지 않다고 말할 수 있을 정도로
지금을 살아내야 한다.

삼성가 여자들_김종원

　당신은 하루를 얼마나 열정적으로 살아가고 있나요? 열정의 크기가 곧 성공의 크기를 결정합니다. 당신의 하루를 땀과 노력으로 분투하고 있다면 미래는 밝을 것입니다.

　하지만 하루를 무기력하게 시간만 보내고 있다면 미래는 보지 않아도 뻔합니다. 지금 당장 잠에서 깨어나 당신의 열정이 이끄는 곳으로 나아가세요. 마침내 그곳에 도착한다면 타임머신을 타고 과거로 돌아가고 싶다는 생각은 나지도 않을 것입니다.

DAY
138

☐ 읽기
☐ 결심하기
☐ 인생 문장

아침의 답

'내일은 내일의 태양이 떠오르겠지.'하고 체념의 경지에 도달해
잠든 다음 날 아침, 영감이 불현듯 떠오른 것이다.

인생 넘지 못할 벽은 없다_니시타니 쇼우지

오늘의 고민은 오늘로 끝내세요. 의식이 깨어있으면 잠이
들지도 않고 번민만 쌓입니다.

이 순간부터 "오늘 고민은 여기까지! 끝!"하고 외친 후 잠
을 청해 보세요. 우리가 할 수 있는 일을 다 하고 더는 할 수
있는 것이 없을 때는 차분히 인내심을 가지고 잠시 중단하세
요. 항상 다음 날 아침에 고민의 해결책을 찾는 것은 아니지
만 아침의 답은 고민을 멈춘 사람에게 찾아올 것입니다.

DAY
139

☐ 읽기
☐ 결심하기
☐ 인생 문장

싸우지 않고 제압하는 법

그를 바라보면 마치 나무를 깎아 만든 닭과 같습니다.

장자_장주

"목계(木鷄)"라는 말이 있습니다. 나무를 깎아 만든 닭이죠. 싸움닭을 훈련할 때 바로 이 목계로 훈련한다고 합니다. 나무처럼 요지부동의 닭을 만드는 것입니다. 이런 목계의 경지에 이르면 최고의 싸움닭이라고 할 수 있습니다.

상대의 행동에 쉽게 반응하지 않고, 싸우지 않고 상대를 제압하게 되는 것이죠. 우리는 일상에서 많은 사람과 부딪힙니다. 전쟁 같은 상황에 놓이는 날에는 목계의 자세를 가지고 상대방을 대해보세요.

☐ 읽기
☐ 결심하기
☐ 인생 문장

자기합리화가 심한 사람

인간은 상황에 따라 행동하며, 경우에 따라 자의, 신념
모두 바꾸는 동물이다.

인지부조화 이론_레온 페스팅거

많은 사람이 잘못될 줄 알면서도 당장은 편한 선택을 합
니다. 이에 대해 미국의 사회심리학자인 레온 페스팅거는 '인
지부조화'에 대한 실험적 연구 결과를 세상에 내놓았습니다.
사람은 보이는 대로 믿는 것이 아니라, 믿고 싶은 것을 본다
는 것을 객관적으로 입증하였죠.

문제는 이런 행동이 반복되기 때문에 잘못된 선택이 계
속된다는 사실이죠. 잘못된 선택을 반복하고 싶지 않다면 오
늘부터는 꼭 스스로의 잘못에 대해 질책하고 넘어가세요.

DAY
141

☐ 읽기
☐ 결심하기
☐ 인생 문장

성공 경험의 중요성

부를 한마디로 요약했는데 바로 자신감이었다.
자신감이란 타고난 능력과 재능에 대한 믿음을 의미한다.

부의 법칙_캐서린 폰더

자신감의 크기가 곧 부의 크기입니다. 자신감이 있는 사람에게는 부가 끌려 들어오게 됩니다.

자신감이란 타고난 능력과 재능에 대한 믿음을 의미합니다. 이런 자신감을 키우기 위해서는 어떻게 해야 할까요? 작은 일이라도 성공 경험을 쌓는 것이 중요합니다. 작은 일이라도 맡은 바를 충실히 하고 나면 자신감이 쌓이게 됩니다. 이런 자신감을 바탕으로 큰일에도 도전하면 성공할 수 있게 되죠. 오늘부터 작은 일부터 자신감을 갖고 실천해 보세요.

☐ 읽기
☐ 결심하기
☐ 인생 문장

타인을 거울로 삼아라

열심히 사는 사람들이 주변에 많다는 것을 빨리 깨우치기 바라네!

목욕탕에서 만난 백만장자의 부자 이야기_박성준

주위에 보면 열심히 사는 사람이 많습니다. 하지만 많은 사람이 이를 모르고 살아갑니다. 이른 새벽부터 일어나서 일하는 사람도 많이 있습니다. 하지만 당신이 늦게 일어나는 사람이라면 이를 모를 가능성이 크죠. 늦게까지 일하는 사람도 많습니다. 하지만 당신이 빨리 자는 사람이라면 이를 모를 수 있고요.

주위에는 알게 모르게 노력하는 사람이 많습니다. 오늘은 이들을 거울로 삼아, 지금보다 조금 더 노력해 보세요.

☐ 읽기
☐ 결심하기
☐ 인생 문장

현재 의식이 필요하다

과거는 잘했건 못했건 이미 지나가 버리고 지금 없는 것이다.

머리에서 가슴까지 가는 길이 가장 멀다_김이율

　우리는 과거에 집착할 때가 많습니다. 현재의 일상을 살아가지만, 과거는 어느새 우리의 기억에서 살아나 끊임없이 괴롭힙니다. 과거가 화려했든 불행했든 상관없습니다. 중요한 것은 현재입니다.

　오늘 우리에게 필요한 것은 바로 현재 의식입니다. 현재를 제대로 살아갈 때 우리는 행복할 수 있습니다. 과거는 잊으세요. 그리고 현재를 충실히 살고 미래를 향해 질주하세요.

☐ 읽기
☐ 결심하기
☐ 인생 문장

오늘이 가장 젊은 날

군자는 젊고 왕성할 때에 더욱 조심한다.

채근담_홍자성

젊은 청춘은 그야말로 혈기가 왕성할 때이죠. 그럴 때일수록 더욱 조심해서 행동해야 합니다.

젊어서 시간을 막무가내로 보내면 나이가 들어서 고생합니다. 젊을 때부터 성실하고 제대로 살아가는 습관을 지니게 되면 노년이 편안합니다. 당신은 어느 쪽을 선택할 건가요? 오늘이 가장 젊은 날이라는 사실을 명심하세요.

☐ 읽기
☐ 결심하기
☐ 인생 문장

역경은 득이다

사람은 역경을 겪을수록
마음에 군더더기가 없어지고 담대해진다.

반드시 해내겠다 말하라_도널드 트럼프

역경이란 것은 고통을 의미합니다. 하지만 긴 인생을 놓고 보았을 때 역경이라는 것이 꼭 나쁜 것만을 의미하지 않죠.

도널드 트럼프는 실제로 여러 번 파산 위기를 겪었습니다. 그런 역경을 넘어섰기에 파산을 극복하고 막대한 부를 쌓을 수 있었죠. 상황을 완전히 바꾸고 싶다면 오늘만큼은 역경을 환영하세요.

☐ 읽기
☐ 결심하기
☐ 인생 문장

낡은 생각에서 벗어나기

만일 불쾌한 기분이 되살아나고 낡은 생각들을 되풀이하고 있다면
다른 곳으로 관심을 돌리도록 노력하라.

네가 어떤 삶을 살든 나는 너를 응원할 것이다_공지영

우리는 낡은 생각을 되풀이할 때가 많습니다. 그것은 옛날 음악 CD나 LP의 한 트랙처럼 우리 마음속과 머릿속을 끊임없이 되풀이하면서 우리를 지배합니다. 그것에서 벗어날 필요가 있습니다.

과감히 경로를 변경하세요. 낡은 생각에서 벗어나 새로운 일을 시작하세요. 그것이 무엇이든 상관없습니다. 오늘은 당신의 관심을 끄는 다른 즐거운 일을 행하세요. 그것이 당신의 삶을 다시 시작하게 해줄 테니까요.

☐ 읽기
☐ 결심하기
☐ 인생 문장

조건 없는 친절

상대방이 바라지도 않는데 자기가 하고 싶어서
'제멋대로' 베푸는 것이 친절입니다.

생각으로부터 깨어나기_코이케 류노스케

"내 친절에 감사하다고 말하지 않다니 이상한 사람이네.",
"고맙다고 말하지 않다니 인성이 별로군."이라고 상대방을 깎
아내릴 것이 아니라 "내가 원해서 멋대로 한 일이니 상대방
이 반응하지 않아도 괜찮아."라고 자기 선에서 완결하는 쪽
이 정신 건강에 이롭습니다.

그러니 오늘은 타인에게 조건 없는 자발적 친절을 베풀어
보세요.

☐ 읽기
☐ 결심하기
☐ 인생 문장

마음 구멍 메우기

누군가의 태도나 말에 지나치게 의미를 부여하거나 상처를 받고
있다면 마음속에 메워야 할 구멍이 있음을 알아차려야 한다.

비범한 정신의 코드를 해킹하다_비센 락히아니

타인이 우리에게 하는 행동을 못 하게 하기는 어렵지만, 우리의 반응을 스스로 조절할 수는 있죠. 스스로를 증명하려는 욕구 혹은 타인의 사랑이나 인정이 없으면 자신이 부족하다고 느끼는 경향을 없애는 것이 무엇보다도 중요합니다.

다른 사람들의 말이나 행동에 민감한 사람은 자신을 되돌아보아야 합니다. 마음속에 구멍이 있기에 그곳을 건드리면 아픈 것이죠. 자신의 마음 구멍은 스스로 메워야 합니다. 있는 그대로의 자신을 인정하고 사랑하세요.

☐ 읽기
☐ 결심하기
☐ 인생 문장

DAY 149

바빌론 부자들의 지혜

버는 것보다 덜 쓰게! 자네가 번 돈의 일부를 반드시 저축하게!
그럼 자네는 언젠가 반드시 부자가 될 걸세! 10분의 1은 저축해야 하네.

바빌론 부자들의 돈 버는 지혜_조지 S. 클래이슨

6천 년 전, 역사상 가장 부유했던 바빌론은 '황금의 도시'라는 별칭이 있을 정도입니다. 부유한 도시에 살던 그들은 금융의 원리를 착실하게 지키면서 돈을 벌었고, 돈을 지켰으며, 그 돈으로 더 많은 돈을 벌어들였습니다.

당시 최고의 부자들이 들려주는 '돈에 관한 지혜'는 21세기를 사는 우리에게도 화수분 같은 자산관리법입니다. 가장 쉬운 것부터 실천해 보세요.

DAY
150

☐ 읽기
☐ 결심하기
☐ 인생 문장

모든 문제는 나에게 있다

아무것도 하지 않고 세상이 잘못되었다고만 생각했어.
그런데 그렇지가 않았어. 모든 문제가 나에게 있었던 거야.

물처럼 강하게, 때로는 미친 듯이_이수광

〈해리포터〉를 쓴 조앤 롤링도 세상을 원망했을 때가 있었
죠. 하지만 그녀가 생각을 바꾸자 그녀의 현실도 바뀌기 시
작했습니다. 세상을 원망하는 대신 세상을 향한 자신의 상
상력을 보여주기로 한 것이죠. 그리고 전 세계적으로 베스트
셀러가 된 〈해리포터〉라는 놀라운 작품을 탄생시켰습니다.

세상을 원망하고 있나요? 오늘은 자신에게 가치 있는 일
에 집중하세요. 세상이 달라질 것입니다.

☐ 읽기
☐ 결심하기
☐ 인생 문장

잠재력을 실현하라

재능이 둘이라면 노력은 여덟입니다.

고수_김태관

바둑의 신 이창호의 말입니다. 우리는 흔히 대단한 사람을 볼 때 재능이 남다르다고 생각하기 쉽습니다. 하지만 그런 사람들조차 자신에게 주어진 재능은 보잘것없었고 수많은 노력을 통해 성과를 얻었다고 말합니다.

혹시 자신의 재능 탓을 하면서 자신에게 주어진 값진 기회를 포기하고 있지는 않은가요? 자신의 재능 탓을 하지 말고 오늘부터 진정한 노력을 기울여 보는 것은 어떨까요. 자신의 잠재력을 실현할 수 있을 것입니다.

□ 읽기
□ 결심하기
□ 인생 문장

움직임의 효과

자신의 속도로 걷거나 달리면 사고하는 두뇌의 스위치가 켜지고,
창의력과 문제 해결 능력이 높아진다.

움직임의 뇌과학_캐럴라인 윌리엄스

인간의 뇌와 몸은 움직이기 위해 진화했습니다. 그렇기에 움직임이 적으면 탈이 나고 노쇠해지면서 치매까지 올 수 있죠. 최근 과학기술이 우리의 몸을 덜 쓰는 방향으로 발달하고 있어 움직임이 줄어드는 추세입니다. 하지만 앉아서 생각만 한다고 우리 뇌나 몸이 건강해지지 않습니다.

오늘은 가벼운 체조나 줄넘기로 내 몸의 움직임을 만들어 보세요.

☐ 읽기
☐ 결심하기
☐ 인생 문장

미루지 말고 제일 먼저

나는 싫은 일일수록 빨리 해치워 버린다.

서른살이 심리학에게 묻다_김혜남

하기 싫은 일이 있나요? 그렇다면 빨리 해치워 버리는 것은 어떨까요? 하기 싫은 일을 계속 안고 있으면 스트레스가 사라지지 않습니다. 오히려 스트레스가 더 가중되는 일이 발생하게 되죠.

오늘은 하기 싫은 일부터 집중해서 한꺼번에 해치워 버리세요. 스트레스에서 탈출할 수 있는 좋은 방법입니다.

☐ 읽기
☐ 결심하기
☐ 인생 문장

우유부단에서 벗어나기

우리는 '찍는 자'가 아니라 '선택자'가 되어야 한다.

선택의 패러독스_배리 슈워츠

〈선택의 심리학〉에서 배리 슈워츠는 동네 슈퍼마켓에서 살수 있는 시리얼 제품이 얼마나 많은지, 선택할 수 있는 텔레비전 모델은 얼마나 많은지 언급하며 이야기를 시작합니다. 슈워츠와 다른 행동경제학자들의 연구결과, 선택 대안이 많아질수록 선택에 대한 만족도가 떨어지거나 아예 선택하지 않게 된다고 합니다.

이 책을 읽고 있는 당신은 어떤가요? 대안이 많다고 무작정 찍는 식으로 선택하고 있지는 않나요? 그렇다면 오늘부터는 찍는 자가 아닌 선택자가 되기 위해 노력해 보세요.

DAY
155

☐ 읽기
☐ 결심하기
☐ 인생 문장

시간의 복수

'이거 해서 뭐하나' 혹은 '해도 안 된다' 같은 맥 빠진 생각은
집어치우고 딱 2년만 죽었다는 마음으로 치열하게 살아야 한다.

꿈으로 깨어나라_김태광

　누구나 화려한 삶을 꿈꿉니다. 하지만 현실의 우리는 아무것도 하지 않는 경우가 많습니다. 고작해야 드라마를 보면서 화려한 세계를 꿈꿀 뿐이죠. 하지만 내가 달라져야 화려한 시절을 맞이할 수 있습니다.

　방법은 죽어라 하고 노력하는 것입니다. 지금 현실이 힘든 이유는 과거를 낭비한 시간의 복수입니다. 오늘부터 작은 것부터 노력해 보세요. 삶이 달라질 수 있어요.

☐ 읽기
☐ 결심하기
☐ 인생 문장

주연이 아닌 조연 되기

적을 만들기 원한다면 내가 그들보다 잘났다는 것을 주장하면 되고,
친구를 얻고 싶다면 그가 나보다 뛰어나다는 것을 느끼도록 해라.

200가지 고민에 대한 마법의 명언_이서희

　　요즘은 상대를 낮추면서 자신을 올리려고 하는 사람이 많습니다. 하지만 누군가에게 상처를 준다면 결국 그 상처는 나에게 돌아올 것이며, 누군가에게 희망을 준다면 그 희망은 결국 나의 희망이 되겠죠.

　　자신을 높이 올리고 싶다면 우선 남을 더 높이 올려 보세요. 그들 역시 나를 높이 올려주며 돈독한 사이가 될 수 있을 것입니다.

☐ 읽기
☐ 결심하기
☐ 인생 문장

노예 농장

100년 전에는 노예들은 농장에서 일했다.
오늘날에도 똑같은 이야기가 되풀이되고 있다.

부자들의 음모_로버트 기요사키

오늘날 수많은 사람이 대기업, 군대, 정부조직에서 일합니다. 이는 다른 형태의 농장이죠. 우리는 좋은 일자리를 얻기 위해 학교에 가지만 거기서는 부자를 위해 일하는 법, 부자 회사에 자금관리 하는 법, 부자 회사의 인력관리 하는 법 등만 가르칩니다. 어떻게 하면 부자가 될 수 있는지, 어떻게 하면 농장주인이 될 수 있는지는 가르치지 않죠.

오늘부터는 조직 밖에서도 내가 할 수 있는 일에 대해 생각해 보세요.

☐ 읽기
☐ 결심하기
☐ 인생 문장

갑자기 자라는 대나무

목표를 정한 뒤 게으름을 피우지 않고 노력하면
축적된 시간은 어느 순간 비약적인 성과로 나타난다.

손자병법에서 인생을 배우다_저우이펑

모죽은 계속 자라지 않다가 갑자기 자라는 대나무죠. 우리의 일도 마찬가지입니다. 아무리 노력을 기울여도 발전이 없는 것 같은 순간이 있습니다. 하지만 그 정체의 순간을 지나면 갑자기 실력이 월등히 늘어 있죠.

오늘의 내가 어제와 같아 보여도 자신을 '모죽'이라고 생각하고 포기하지 마세요.

☐ 읽기
☐ 결심하기
☐ 인생 문장

인생 드라마

포기하면 안 한 것과 다를 바 없다.

김연아의 7분 드라마_김연아

　어떤 일을 시도하다가 그만둔 일이 있나요? 안타깝지만 그렇다면 당신은 그 일을 안 한 것과 다를 바 없습니다. 그래서 포기하면 안 된다는 것입니다.

　포기하지 않으면 다시 기회가 옵니다. 포기하지 말고 반드시 일을 성사시켜야 합니다. 오늘은 그동안의 노력을 생각하며 버티길 바라요.

DAY
160

☐ 읽기
☐ 결심하기
☐ 인생 문장

가짜 긍정이라는 가면

내면의 부정적인 감정을 마주하고 그 감정 또한 자신의 것임을
인정한다면 더는 가짜 긍정이 필요하지 않게 된다.

애쓰지 않아도 괜찮아_시미즈 다이키

가짜 긍정이란 사실은 조금도 안 괜찮은데 그런 모습을 숨겨가며 무리하게 좋은 사람인 척, 긍정적인 사람인 척 연기하는 것입니다.

100퍼센트 긍정적인 사람은 없습니다. 사람이라면 부정적인 감정이 일어날 수 있고, 그것을 다 드러내면 사회생활이 어려울 수 있어 가짜 긍정이라는 가면을 쓰죠. 하지만 내면에 쌓아둔 감정은 결국 언제든 분출됩니다. 오늘은 나의 부정적인 감정을 받아들이고 시간의 흐름에 따라 보내주세요.

DAY
161

☐ 읽기
☐ 결심하기
☐ 인생 문장

사랑에 빠지는 비결

사랑은 자신으로부터 출발한다.

사랑과 평화의 길, 호오포노포노_마벨 카츠

흔히 사랑을 외부에서 찾습니다. 하지만 그것은 실패한 접근입니다. 왜냐하면, 사랑은 자기 자신의 내부에 있기 때문이죠. 자신을 먼저 사랑하세요. 그것이 사랑에 빠지는 비결입니다.

자기 자신에 대한 사랑이 확장되었을 때 우리는 외부의 것들을 사랑할 수 있습니다. 이렇게 보면 사랑이라는 게 어려운 것이 아닐지도 모르겠네요. 자신을 진심으로 아끼고 사랑하면 되는 것이니까요. 오늘은 자기에게 사랑한다는 말을 소리 내 말해보세요.

☐ 읽기
☐ 결심하기
☐ 인생 문장

상대방을 위한 기도

타인을 위해 가장 먼저 할 수 있는 일은 그의 행복을 바라며
기도하는 일이다. 그것만으로도 모든 불행은 사라진다.

작은 책 큰 생각_김옥림

　　타인을 위해 우리가 할 수 있는 것은 물질적인 것만은 아
닙니다. 상대를 위한 기도도 상대에게 도움이 될 수 있습니다.
그것은 불행을 사라지게 하니까요. 놀라운 점은 기도는 상대
방만을 위한 것이 아니라는 것입니다. 자신의 불행까지도 치
유할 수 있죠. 그렇기에 기도에는 놀라운 힘이 있습니다.

　　오늘부터 상대방을 위한 기도를 해 보는 것은 어떨까요.
상대방과 나 자신을 정화하는 방법이 될 수 있습니다.

☐ 읽기
☐ 결심하기
☐ 인생 문장

세상에 공짜는 없다

벼랑 끝에서 뛰어내리지 않고 하늘을 나는 새는 없다.

사람에게서 구하라_구본형

훌륭한 리더들은 종종 자신을 벼랑 끝에 세웁니다. 그리고는 그곳에서 뛰어내립니다. 물론 모든 사람이 다 벼랑 끝에서 하늘로 날아오르는 데 성공하는 것은 아니죠. 그러나 벼랑 끝에서 뛰어내리지 않고 하늘을 나는 새는 없습니다.

우리 역시 무언가를 얻기 위해서는 그만한 대가를 치러야 합니다. 오늘은 세상에 공짜는 없다는 마음가짐으로 도전해 보세요.

DAY
164

☐ 읽기
☐ 결심하기
☐ 인생 문장

직업을 결정해야 할 때

일찍이 자기가 끔찍이 좋아하는 일을 열심히 하면서
굶어 죽은 사람을 나는 본 적이 없다.

나의 생명 이야기_최재천 외

흔히 직업을 고민할 때 수입을 가장 많이 걱정합니다. 하지만 수입을 너무 걱정하지 마세요. 자신이 끔찍이 좋아하는 일을 열심히 하면서 굶어 죽는 사람은 없습니다.

수입보다는 자신의 흥미와 재능에 따라 고민하는 것이 직업이라고 생각합니다. 그렇게 직업을 결정했을 때 우리는 보다 행복한 일상을 맞이할 수 있습니다. 오늘은 내가 끔찍이 좋아하는 일이 무엇인지 생각해 보세요.

178 | 하루하나 365일, 챌린지 인생 문장

☐ 읽기
☐ 결심하기
☐ 인생 문장

탐욕스러운 부자는 부자가 아니다

만족할 줄 아는 이는 부자이다.

도덕경_노자

아무리 재산이 많다고 하더라도 더 많은 탐욕을 가지고 있다면 그 사람은 부자라고 말할 수 없습니다. 그 사람은 자신의 기준으로 보았을 때 가난한 사람이죠.

하지만 가진 것이 적더라도 자신에게 만족하고 있는 사람이라면 자신의 기준으로 보았을 때 부자라고 할 수 있습니다. 이렇게 부자는 상대적인 것에 있기보단 절대적인 자신에게 있습니다. 그러니 오늘은 나를 부자라고 생각하며 모든 일에 만족해보세요.

☐ 읽기
☐ 결심하기
☐ 인생 문장

마음가짐의 문제

즐겁게 일하면 어려움이 있어도 그것마저
즐거운 눈으로 볼 수 있습니다.

재미_한상복

천재는 즐기는 자를 이기지 못한다는 말이 있습니다. 즐기는 단계에 이르면 아무리 어려움이 닥치더라도 즐거운 마음으로 일을 행할 수 있거든요.

그래서 일이나 공부를 하는 우리에게 가장 필요한 것이 즐기는 마음가짐입니다. 오늘부터 최대한 자신의 일을 즐기세요. 그러면 삶을 즐겁게 보낼 수 있을 것입니다.

DAY
167

☐ 읽기
☐ 결심하기
☐ 인생 문장

가치 있게 받아들이는 태도

자신의 직업에 전념하면
쓸데없는 생각을 멀리할 수 있다.

초역 니체의 말_프리드리히 니체

자신의 직업에 불평하는 사람들이 많이 있습니다. 하지만 그것이 얼마나 큰 은혜인지 아는 사람은 그렇게 생각하지 않을 거예요. 자신의 직업을 소중하게 여기고, 그것을 가치 있게 받아들이는 태도가 필요합니다.

오늘은 내 직업의 장점 3가지를 뽑아 메모장에 적어보세요.

☐ 읽기
☐ 결심하기
☐ 인생 문장

믿음을 의심하기

당신이 믿음, 생각, 감정을 바꾸면 행동은 저절로 바뀔 것이다.

힐링 코드_알렉산더 로이드·벤 존슨

사람은 믿는 대로 행동하고, 믿는 대로 보고 듣습니다. 문제는 믿음이 잘못되었을 때조차 그렇다는 것입니다. 대부분에서 잘못되었다는 사실도 깨닫지 못하죠.

오늘은 자신이 어떤 믿음을 가졌는지 생각해 보세요. 이 과정은 훗날 뭔가 잘못되었을 때, 어떻게 대처해야 할지를 알려줄 것입니다.

☐ 읽기
☐ 결심하기
☐ 인생 문장

용기를 내고 싶어

못하니까 안 하는 게 아니라 안 하니까 못하는 겁니다.

심형래의 진짜 신나는 도전_심형래

실제로 심형래 감독은 과감히 SF영화에 도전했고 결국 완전한 영화 한 편을 제작할 수 있었습니다. 그가 그동안 영화를 만들지 못했던 것은 시도하지 않았기 때문이지 그의 능력 부족 탓은 아니었던 셈이죠.

우리의 일도 마찬가지입니다. 실제로 할 수 있는 능력을 이미 가진 경우가 많아요. 다만 시도를 하지 않았을 뿐인 거죠. 오늘도 용기를 가지고 하지 않는 일에 도전을 해 보는 것은 어떨까요?

☐ 읽기
☐ 결심하기
☐ 인생 문장

스카우팅을 이끌어내라

지위가 없다고 근심하지 말고,
어떻게 하면 충심으로 본분을 다할 것인지를 걱정하라.

하루 한 장 논어 경영_사오위

우리는 흔히 지위를 얻을 걱정을 합니다. 하지만 공자는 지위가 없다고 걱정을 하지 말라고 했습니다. 현대식으로 해석을 하자면 취업을 하지 못했다고 걱정을 하지 말라는 이야기이죠. 그보다는 어떻게 하면 일을 잘할 수 있을지를 생각하라는 것이 공자의 생각입니다.

일을 잘하게 되면 당연히 취업이 이루어지겠지요. 그것도 여기저기서 서로 데려가려고 할 것입니다. 오늘이 바로 공자의 지혜가 필요한 순간입니다.

☐ 읽기
☐ 결심하기
☐ 인생 문장

운명을 바꾸는 교육 방식

지능은 타고나는 것이지만 배움은 고된 노력이다.

위대한 CEO 엘리자베스 1세_앨런 액슬로드

머리는 타고나는 것입니다. 좋은 머리로 태어났든 나쁜 머리로 태어났든 그것은 어쩌지 못할 운명이죠. 하지만 배움은 다릅니다. 배운다는 것은 운명이 아닙니다. 스스로 선택하는 것입니다.

우리는 배움을 통해 성장할 수 있고 기회를 잡을 수도 있습니다. 오늘부터 끊임없는 노력으로 무언가를 배워 값진 인생을 살 수 있도록 해 보세요.

☐ 읽기
☐ 결심하기
☐ 인생 문장

체념의 사슬을 끊고

노력의 묘미는 여기에 있는 것 같다.
결과는 알 수 없지만, 지금보다는 나아진다.

나나 너나 할 수 있다_금나나

　　노력하는 삶은 아름답지요. 노력하면 분명 발전이 있습니다. 그것은 절대적으로 보았을 때 얼마 되지 않는 것일 수도 있습니다. 하지만 어제의 나 자신보다는 분명히 더 나아집니다. 그래서 우리는 노력에서 희망을 찾는 것일지도 모르지요.

　　체념의 사슬에 붙잡혀 있나요? 그렇다면 오늘부터 노력하며 살아보세요. 매일매일 발전한 자신을 발견하는 것은 새로운 삶의 희망이 될 것입니다.

DAY
173

☐ 읽기
☐ 결심하기
☐ 인생 문장

마시멜로 이야기

인생의 다양한 분야에서 성공하느냐 마느냐는
만족을 지연할 줄 아는 능력에 달려 있다.

왜 나는 사람들과 어울리지 못하는 걸까_매슈 켈리

'마시멜로 이야기'가 있습니다. 아이들에게 마시멜로를 주고 참으면 더 줄 것이라고 약속을 하고 자리를 떠났습니다. 어떤 아이들은 참지 못하고 마시멜로를 먹어 버렸죠. 어떤 아이들은 참고 기다려서 더 많은 양을 받았습니다.

시간이 더 흐른 뒤 결과는 놀라웠습니다. 당시 참은 아이들은 미래에 성공하였고, 참지 못한 아이는 성공하지 못한 것이었습니다. 우리도 내일의 성공을 위해서 오늘 더 참고 기다리는 자세를 가져보는 것은 어떨까요?

☐ 읽기
☐ 결심하기
☐ 인생 문장

타이밍의 중요성

> 30%의 확신만 있다면 바로 시작하고 일하면서
> 끊임없이 수정하고 문제점을 보완하면 된다고 생각합니다.
>
> 중국 최고 갑부 황광위의 승부_우아룬

　우리는 때로 너무 완벽히 하려고 합니다. 하지만 완벽성만큼 중요한 것이 타이밍이죠. 적절한 시기는 완벽성보다 더 중요할 수 있습니다. 그래서 우리는 조금 불완전하더라도 과감할 필요가 있습니다. 완벽성은 보완할 수 있지만 한번 놓친 시기는 다시 돌아오지 않으니까요.

　그런 점에서 30퍼센트의 확신만 있다면 바로 일을 시작하는 황광위에게는 배울 점이 많습니다. 오늘은 그의 기회를 놓치지 않는 승부 근성을 배워 보세요.

DAY
175

☐ 읽기
☐ 결심하기
☐ 인생 문장

각자 쓰일 때가 있다

자기 스스로 자신을 포기한 사람을 제외하면
이 세상에 쓸모없는 사람은 없다.

리더는 사람을 버리지 않는다_김성근

이 세상에 쓸모없는 사람은 없습니다. 사람은 누구나 어디에든지 다 쓸모가 있습니다. 특히 조직을 이끄는 리더라면 이 말을 기억하세요. 한 사람 한 사람은 모두 소중한 존재이고 쓰일 때가 있습니다. 이런 마음가짐을 가진 사람이 리더가 되었을 때 그 조직은 더욱 발전할 수 있게 됩니다.

그러니 조직에서 마음에 들지 않는 사람이 있더라도 각자 쓰일 때가 있다고 믿고 열심히 일하는 태도가 필요합니다.

☐ 읽기
☐ 결심하기
☐ 인생 문장

시간은 돌릴 수 없다

한창 젊은 날은 다시 오지 않고 하루에 새벽은 두 번 있기
어려우니 때를 만나면 마땅히 힘써 노력하라.

고문진보 전집_황견

　세월은 사람을 기다려 주지 않습니다. 젊은 시절 역시 돌아오지 않고요. 그렇기에 젊은 시절은 더없이 소중한 시기입니다. 그런 시기를 허투루 보내거나 낭비로 보내는 것은 있을 수 없는 일입니다. 값진 시간을 알차게 보내야 합니다.

　오늘이 가장 젊은 날이라는 말이 있습니다. 후회하고 싶지 않다면 지금의 시간을 소중히 생각하세요.

□ 읽기
□ 결심하기
□ 인생 문장

스스로 진로 선택하기

성공에 영향을 미치는 결정적 변수는
자신이 하고 싶은 일을 하느냐에 달려 있다.

My Life_강헌구

만약 자신이 하고 싶은 일을 하고 있지 않다면 성공하기 쉽지 않을 거예요. 성공이란 선천적 재능이나 가정 배경이 아니라 오직 자신이 하고 싶은 일을 하느냐에 달려 있기 때문이죠.

자신이 하고 싶은 일을 하세요. 오늘이라도 늦지 않았습니다. 성공이 앞당겨질 것입니다.

☐ 읽기
☐ 결심하기
☐ 인생 문장

내버려 두기

세상의 수많은 오해는 결코 없어지지 않고,
사람들은 그것에 큰 관심이 없다.

백 년의 기억, 베스트셀러 속 명언 800_김태현

　　인간의 삶에는 많은 오해가 생기고 또한 소멸합니다. 억울한 오해를 받으면 기꺼이 받으세요. 직장 상사의 생일에 소박한 선물을 했는데 누군가 교활한 뇌물이라고 오해하면 그렇게 믿으라고 두세요.

　　언젠가 소문은 없어지고 모든 것은 올바른 방향을 찾아 제자리로 돌아올 겁니다.

☐ 읽기
☐ 결심하기
☐ 인생 문장

일과 사랑에 빠져라

일을 잘하고 싶다면 가장 먼저 그 일을 사랑해야 한다는 깨달음이었다.

내 인생 5년 후_하우석

일을 잘하려면 어떻게 해야 할까요? 하우석 교수는 다음과 같이 말합니다. "일을 잘하고 싶으면 먼저 그 일을 사랑하라." 일과 연애를 하라는 의미죠. 일과 사랑에 빠질 정도면 당연히 그 일을 잘할 수밖에 없겠죠.

일이란 흔히 하기 싫은 것 지겨운 것이라는 인식이 있습니다. 하지만 소수의 사람은 일을 사랑합니다. 그래서 일을 잘하는 사람이 소수인지 모르겠네요. 그 소수가 되고 싶다면 오늘부터는 자신의 일을 사랑하세요.

□ 읽기
□ 결심하기
□ 인생 문장

보물을 찾기 위한 모험

만일 포브스 400대 부호가 되기 위한
가장 중요한 원칙이 있다면 그것은 바로 리스크 감수다.

리스크_피터 L. 번스타인

　　위험을 감수하고 큰 모험을 할 때 큰돈을 벌 수 있습니다. 이는 약간의 도박적인 면모가 있으나 진실이죠. 일상생활에서도 마찬가지입니다. 직장을 그만둔다거나 하는 것도 모험 중의 하나죠. 중요한 것은 모험하지 않고 보물을 발견할 수는 없다는 것이에요.

　　오늘은 내가 위험을 감수할 만큼 원하는 보물이 무엇일지 생각해 보세요. 선택은 언제나 당신의 몫입니다.

☐ 읽기
☐ 결심하기
☐ 인생 문장

가죽신과 나막신

편안하여 방심하기보다는
위험하여 스스로를 지키는 것이 낫다.

옛 공부벌레들의 좌우명_박수밀

위기 속에 기회가 있다고 하죠. 큰 위기는 큰 기회이며, 큰 번영은 큰 위기일 수 있습니다. 이를 염두에 두면 상황이 좋다고 희희낙락하지 않으며, 상황이 어렵다고 위축되지도 않습니다.

편안한 가죽신 대신 위험한 나막신을 신는 것 역시 마찬가지겠지요. 오히려 위험할 때 스스로를 지키려고 노력하기 때문에 더욱 안전할 수 있는 것입니다. 오늘 가죽신을 신었나요, 나막신을 신었나요?

☐ 읽기
☐ 결심하기
☐ 인생 문장

둔한 말

둔한 말도 열흘간 수레를 끌 수 있다.

인내_무카이다니 타다시

노마는 걸음이 느려 별로 도움이 되지 않는 둔한 말이 수레를 끌고 가는 열흘분의 거리를 말합니다. 즉, 걸음이 느린 말이라도 열흘 동안 계속 걸으면 준마의 하루분을 걸을 수 있다는 뜻이죠. 이는 다시 곧 둔재도 쉬지 않고 노력을 계속하면 언젠가는 재능 있는 사람과 같게 된다는 말을 비유한 표현입니다.

오늘은 좀 느리더라도 계속해서 앞으로 나아가 보세요.

어떨 때는
배반하는 인생,
인내의 계절

타인과 친구가 되는 것은 어려운 일입니다. 내 말을 줄이고 상대방의 말을 경청하려면 대단한 인내심이 필요하기 때문이죠. 우리는 가끔 상대의 재미없는 말에도 호응해야 하고 지루함도 참아야 합니다. 하지만 이 인내의 단계를 넘어선다면 상대방도 나의 말을 경청해주는 때가 올 것입니다.

인생 역시 마찬가지입니다. 인생이 배반하더라도 평생 함께할 친구로 삼고 싶다면 나의 본능을 희생시킬 각오를 하세요.

DAY
183

☐ 읽기
☐ 결심하기
☐ 인생 문장

다시는 움츠리지 않기

실제로 내 삶의 좌우명은 용기를 내서 일단 해보자다.

내가 상상하면 현실이 된다_리처드 브랜슨

    우리가 움츠리고 아무것도 시도하지 않는 것은 능력의 부족 때문이 아니라 용기의 부족 때문입니다.

    오늘부터는 용기를 내어 보세요. 그리고 지금까지 하지 않았던 일을 시도해 보세요. 그것이 큰일이 아니라도 좋습니다. 아주 작은 일이라도 그것을 시작하기에는 상당한 용기가 필요한 법이니까요.

☐ 읽기
☐ 결심하기
☐ 인생 문장

내 운명을 사랑한다

인간의 위대성에 대한 나의 공식은 운명을 사랑하는 것이다.

니체 최후의 고백_프리드리히 니체

　자신의 삶을 사랑하고 있나요? 자신의 삶을 진정으로 최선을 다해 살고 있는 사람에게 자신의 삶을 사랑하는 것은 그다지 어렵지 않은 일입니다. 하지만 자신의 삶을 대충 살고 있는 사람이 자신의 삶을 사랑하기란 쉽지 않은 일이죠.

　니체는 고백합니다. "나는 다른 것으로 되고 싶은 마음이 없다. 내 운명을 사랑한다.", "몇 번이라도 좋다. 이 끔찍한 삶이여." 오늘은 당신도 이 같은 최후의 고백을 해 보세요.

☐ 읽기
☐ 결심하기
☐ 인생 문장

적당한 불안을 원동력으로 삼아라

불안이 깔려있어야 압박감 속에서
더 좋은 성과를 이뤄낼 수 있습니다.

스탠퍼드 성장 수업_켈리 맥고니걸

　많은 사람이 불안 때문에 나타나는 신체적 증상이 일을 망친다고 믿지만, 실은 완전히 이완된 상태보다 긴장된 상태가 더 좋습니다. 스트레스 반응이 강한 운동선수가 경쟁력이 높고, 시험 전에 아드레날린이 더 많이 분비되는 학생이 좋은 점수를 받죠.

　오늘은 불안을 원동력으로 삼아 높은 집중력을 발휘해 보세요.

□ 읽기
□ 결심하기
□ 인생 문장

우리는 언제 죽을지 모른다

'만약 죽음 직전에 일 년을 더 살 수 있다고 가정한다면 과연 무엇을
할까?' 더는 미루지 말고 지금 즉시 그것을 하십시오.

가슴이 시키는 일_김이율

진정으로 하고 싶은 일이 있나요? 그렇다면 지금 당장 그
것을 하세요. 우리는 언제 죽을지 모르는 존재입니다. 당신이
하고 싶은 일을 내일로 미루지 마세요. 그것은 자신의 운명
을 방관하는 행위입니다.

당신이 하고 싶은 그 일을 당장 오늘 시작하세요. 그렇게
당신의 삶을 바꾸어보세요.

□ 읽기
□ 결심하기
□ 인생 문장

어떤 의미의 나무

저는 그저 한 그루 나무이기보다는 어떤 의미가 되고 싶습니다.

내 이름은 빨강_오르한 파묵

사람들이 훌륭하다고 말하는 철학서나 문학작품에서는 항상 선과 악을 다룹니다. '선'과 '정의'는 또 다른 개념이며, 윤리관은 세계관이나 인간관을 가까이 두고 있기 때문이죠. 일상생활에서도 우리는 선과 악의 경계가 모호한 순간을 경험합니다. 당장 나와 친하고 매우 선한 사람도 누군가에게는 악인으로 비출 수 있는 것이 세상이기에 그렇습니다.

악인으로 보이지 않으려면 어떻게 해야 할까요? 오늘은 타인에게 어떤 의미로 남고 싶은지 생각해 보세요. 그 후, 타인을 대하는 태도를 바꿔보세요.

☐ 읽기
☐ 결심하기
☐ 인생 문장

끌어당김의 효과

뭔가를 간절히 원하면, 나타나게 할 수 있다.

마음 홈트_마리안 로하스 에스타페

이것은 단순히 무언가를 원한다고 해서 다음 날 바로 그런 일이 일어난다는 뜻이 아닙니다. 핵심은 뇌에 목표와 꿈을 심어서 그것들이 우리 옆을 지날 때 그쪽으로 주의를 향하게 하는 것이죠.

원하는 것이 없으면 아무 일도 생기지 않습니다. 늘은 목표와 꿈을 명확히 가져보세요. 그래야만 실제로도 이룰 수 있을 것입니다.

취미를 목표로 삼을 때

두고 보세요. 졸업 전에는 반드시 1등을 하고 말 거예요.

월드클래스 공부법_박승아

예일대학교에 특차로 합격한 박승아의 말입니다. 중학생이 된 이후 그녀는 변했습니다. 공부벌레가 된 것이었습니다. 그전에도 책 읽기는 좋아했지만 단지 취미일 뿐이었습니다.

그러다가 목표가 생겼습니다. 크리스틴 전체에서 가장 공부 잘하는 사람이 되는 것, 누구도 인정할 수밖에 없는 1등이 되는 것이었죠. 이처럼 목표의 힘은 강력합니다. 학업에서 성공하고 싶다면 오늘은 명확한 목표를 세워 보세요.

☐ 읽기
☐ 결심하기
☐ 인생 문장

열심히 발품 팔기

지금 내 스펙으로 이 분야에 뛰어들 수 있을까 고민하지 말고,
일단 뛰어들었으면 좋겠다는 거예요.

내가 걸은 만큼만 내 인생이다_강풀 외

　　강풀 작가의 말입니다. 실제로 그는 국문학과를 나왔고
그림은 전혀 배운 적도 없었는데 만화가가 되는 게 꿈이었다
고 해요. 그래서 이력서도 엄청나게 많이 냈고 발품 팔아 편
집장을 만나러 수도 없이 돌아다녔지만 잘 안됐다고 합니다.

　　그렇지만 끝까지 그는 믿었습니다. "내 꿈은 만화가다. 만
화가의 꿈을 이뤄야지." 그렇게 해서 강풀은 한국에서 가장
인기 있는 만화가가 되었죠. 오늘은 꿈을 위해서 직접 발품
을 팔아보세요.

☐ 읽기
☐ 결심하기
☐ 인생 문장

지독한 사람이 되어라

끝까지 포기하지 않으면 어느 순간 꿈은 현실로 와 있습니다.
계속하는 열정이야말로 꿈을 현실로 바꾸어가는 일입니다.

내가 꿈을 이루면 나는 누군가의 꿈이 된다_이도준

꿈이란 놈은 지독한 사람을 사랑하는 것 같습니다. 하나같이 지독한 사람에게만 안기니까요. 그렇다면 당신도 지독한 사람이 되어보세요.

꿈을 이루기 위해서는 때론 지독하다는 소리를 듣더라도 웃어넘겨야겠지요. 그렇게 오늘 하루 최선을 다하는 사람은 결국 꿈을 이룹니다.

☐ 읽기
☐ 결심하기
☐ 인생 문장

책과 대화하기

책을 읽는 데는 소통할 시간이 필요하고,
다른 사람과 의견을 나눌 여유가 필요하다.

나를 성장시키는 독서법_채석용

　책을 다 읽고 나서 그냥 덮어두고 있지는 않나요? 그렇다
면 애써 읽은 책이 너무도 아깝습니다. 책을 읽고 소통하는
시간을 가져보세요.

　다른 사람과 의견을 나누면 자신만의 독서에 갇혀 폭이 좁
아지고 자신만의 편견에 빠지는 것을 방지할 수 있습니다. 오
늘부터 책을 읽고 나서 대화를 시작해 보는 것은 어떨까요?

☐ 읽기
☐ 결심하기
☐ 인생 문장

장애물을 마주쳤을 때

꿈을 버리든가 꿈을 위해 달라지든가.

장미와 찔레_조동성·김성민

우리는 꿈을 이루는 과정에서 장애물을 만나고, 많은 사람이 꿈을 포기하고 말죠. 하지만 소수의 사람은 그 꿈을 이루기 위해 자기 자신을 바꾸기 시작합니다. 그 과정은 물론 쉽지 않습니다. 하지만 그들은 결국 자기 자신을 바꾸어 자신이 진정하게 원하는 꿈을 달성하고야 맙니다.

그들의 태도에서 배울 수 있는 것은 사람은 변한다고 믿으면 진짜 변한다는 사실입니다. 꿈을 이루고 싶나요? 그렇다면 오늘부터는 꿈을 위해 달라지세요.

☐ 읽기
☐ 결심하기
☐ 인생 문장

영웅 독수리의 날개

우리 인생의 최대 영광은 한 번도 실패하지 않은데 있는 것이 아니라,
넘어질 때마다 다시 일어나는 데에 있다.

시크릿 한 문장_네이버 대표 카페 비욘드 더 시크릿

한 번도 실패하지 않은 사람이 있을까요? 영웅 독수리에 관한 이야기가 있습니다. 영웅 독수리를 어린 독수리들이 부러운 눈으로 쳐다보고 있었습니다. 그때 영웅 독수리가 날개를 펼쳐 들었습니다. 날개 속에는 수많은 상처가 있었습니다.

사람도 마찬가지입니다. 더 높은 곳을 향해 날고 싶다면 오늘부터는 실패하더라도 계속 나아가 보세요.

☐ 읽기
☐ 결심하기
☐ 인생 문장

이제는 달라져야 한다

지금은 삶을 변화시킬 때! 이젠 달라져야 해!

구해줘_기욤 뮈소

지금은 삶을 바꾸어야 할 때입니다. 언제까지 어제와 같은 삶을 살 건가요? 이제는 달라져야 합니다. 그것은 단순한 외침이나 구호가 되어서는 안 됩니다. 실제 실천으로 이어져야 하죠. 오늘 하루의 습관을 바꾸도록 노력해 보세요. 삶을 바꿀 수 있는 가장 확실한 방법입니다.

작은 습관을 하나하나 고치고 좋은 습관을 가지려고 노력할 때 우리의 삶은 마법처럼 바뀔 수 있습니다.

DAY
196

☐ 읽기
☐ 결심하기
☐ 인생 문장

삶을 연기하는 사람들

Person(사람)이라는 단어의 첫 번째 뜻이
'Persona(가면)'이라는 게 역사적 우연만은 아닐 것이다.

자아연출의 사회학_어빙 고프먼

어빙 고프먼은 다양한 직업 현장과 조직 세계를 특유의 통찰력으로 관찰하고 분석하여 인간의 소통 방식과 '연극성'을 찾아냈습니다.

사람과의 관계에서 화를 부르는 것은 우리의 '입'이죠. 인간관계가 좋다는 것은 결국 말을 잘한다는 뜻이기도 한데, 그러려면 페르소나를 이용할 필요가 있습니다. 오늘은 기분이 나쁘다고 감정을 그대로 드러내기보다는 적당한 가면을 쓰고 대응해보세요.

DAY
197

☐ 읽기
☐ 결심하기
☐ 인생 문장

불멸의 삶

오, 나의 영혼아, 불멸의 삶을 애써 바라지 말고
가능의 영역을 남김없이 다 살려고 노력하라.

시지프 신화_알베르 까뮈

불멸의 삶을 바란 적이 있습니다. 그때는 불안에 잠도 제대로 이루지 못했지요. 하지만 이제는 불멸의 삶에 대한 집착에서 조금은 벗어난 느낌입니다. 인간은 불멸의 삶을 완전히 포기할 수는 없습니다. 하지만 인생의 모든 순간을 값지게 살려는 노력을 계속할 때 불멸의 삶에 더 가까워지는 것은 아닐까요?

오늘은 삶을 대하는 알베르 카뮈의 정신을 마음에 새겨 보세요.

☐ 읽기
☐ 결심하기
☐ 인생 문장

DAY 198

일어나 걷는 자

일어나 걷는 자는 동사하지 않는다.

빗방울처럼 나는 혼자였다_공지영

　우리는 인생에서 주저앉고 싶은 순간을 종종 맞이합니다. 하지만 주저앉아 있으면 추운 날씨와 내리는 눈에 그대로 얼어붙어 죽고 말죠. 반면에 일어나 걷는 자는 땀이 나면서 체온이 올라가고, 그 체온에 눈이 녹아 동사하지 않습니다. 반면에 일어나 걷는 자는 땀이 나면서 체온이 올라가고, 그 체온에 눈이 녹아 동사하지 않습니다.

　오늘은 단 10분이라도 밖으로 나가 걸어보세요. 주저앉고 싶었던 마음이 언제 그랬냐는 듯 사라질 것입니다.

□ 읽기
□ 결심하기
□ 인생 문장

두 가지 선택

지금 이 시절을 그냥 불평불만으로만 흘려 보내버리기에는
당신에게 주어진 시간들이 너무도 눈부십니다.

황금의 씨앗을 뿌려라_공병호

우리 사회는 문제가 많습니다. 하지만 그것은 우리가 어찌할 수 없는 문제일 경우가 많습니다.

당신은 두 가지 선택을 할 수 있습니다. 지금 이 시대를 불평불만으로 보내는 것과 자기 자신의 발전을 위해 쓰는 시간으로 전환하는 것이죠. 전자의 경우, 아무것도 남는 것이 없습니다. 후자의 경우 자기계발을 해 새로운 존재로 태어날 수 있습니다. 당신은 어느 쪽을 택할 건가요? 선택했다면 바로 오늘 황금의 씨앗을 뿌리세요.

DAY
200

☐ 읽기
☐ 결심하기
☐ 인생 문장

세 번만 참으면

우리가 받은 상처가 너무 확연해 눈에 띄더라도 절대 분노하지 말라.
때로는 잘못된 믿음이 진실인 양 위장하고 있기도 하니까.

세네카의 화 다스리기_루키우스 안나이우스 세네카

화는 내가 상처를 입었다는 믿음에서 시작됩니다. 하지만 그 잘못된 믿음에 쉽게 넘어가지 마세요. 진실을 알 때까지 적당한 시간을 가져야 합니다. 시간이 지나면 진실은 드러나니까요.

화는 인간관계에 나쁜 영향을 미칩니다. 화를 낸 사람도, 화를 내게 한 사람도 마음이 편할 수 없으니까요. 화를 조금만 참으면 이상적인 대화를 할 수 있습니다. 오늘부터는 화가 났을 때 심호흡을 하며 마음을 가다듬어 보세요.

☐ 읽기
☐ 결심하기
☐ 인생 문장

무농약으로 사과나무 기르기

한번 바보가 되어 보는 것도 좋아.
한 가지에 미치면 언젠가는 반드시 답을 찾을 수 있다는 거지.

기적의 사과_이시카와 다쿠지

농약을 쓰지 않고 사과를 기르는 것. 간단히 말하면, 그것이 그의 꿈이었습니다. 적어도 그 시대에는 100퍼센트 실현 불가능하다고 여긴 꿈이었죠. 하지만 그는 마침내 해내었습니다. 꿈을 향한 그의 열정이 불가능을 가능으로 만든 것입니다.

오늘은 나도 무농약 사과나무를 기른다는 마음으로 이제까지 불가능이라고 생각했던 일에 도전해 보세요.

☐ 읽기
☐ 결심하기
☐ 인생 문장

우유부단은 적이다

중요한 문제와 난관에 부딪혔을 때
가장 필요한 점은 결단력이다.

오다 노부나가 카리스마 경영_도몬 후유지

우리는 종종 우유부단한 결정으로 소중한 기회를 놓치곤 합니다. 우유부단하다는 것은 나쁜 습관이죠. 결정을 방해하고 방향을 흐리게 만드는 적이기 때문입니다.

어떠한 것이든 결단을 내려 앞으로 나아가야 합니다. 그래야 발전하게 되죠. 설령 그것이 잘못된 결정이라고 해도 마찬가지입니다. 이를 수정해서 발전적인 방향에 보태 쓸 수 있습니다.

DAY
203

☐ 읽기
☐ 결심하기
☐ 인생 문장

헝그리 정신

모든 실질적인 변화, 혁신 그리고 개선은 절박함과 절실함이라는
단어 없이는 이루어질 수 없다.

3040 희망에 베팅하라_공병호

절실함이 있다면 이룰 수 없는 것도 없습니다. 치열하게
무엇인가를 바랄 때 우리는 원하는 것을 얻을 수 있습니다.

굶주린 자에게 무엇이 필요할까요? 바로 먹을 것입니다.
오늘 우리는 굶주린 자의 마음가짐을 배울 필요가 있습니다.
바로 헝그리 정신이 필요한 것이죠. 오늘 가장 당신에게 절실
한 목록을 적어보세요.

☐ 읽기
☐ 결심하기
☐ 인생 문장

우리가 어찌할 수 없는 일들

받아들일 수 있는 평정함을 주시고, 도전할 수 있는 용기를 주시며,
이 두 가지 차이를 알 수 있는 지혜를 주옵소서.

3년의 기적_유성은

　　우리의 인생에서는 받아들여야 하는 것이 있으며, 받아들이지 말아야 할 것이 있습니다. 그리고 인생사에는 우리가 어찌할 수 없는 일들이 있죠. 이런 일들은 그냥 받아들여야 합니다.

　　하지만 우리가 좀 더 노력하면 할 수 있는 일들이 있습니다. 이런 일들은 도전으로 생각하여 이를 극복할 용기를 지녀야 하죠. 오늘 우리에게 필요한 것은 이 둘을 구분할 수 있는 지혜입니다.

☐ 읽기
☐ 결심하기
☐ 인생 문장

정말 멋진 일

생각을 멈추고 그냥 존재할 수 있다는 것은 정말 멋진 일이다.

틱낫한 스님의 반야심경_틱낫한

사람들은 여러 가지 생각을 하고 있습니다. 전철이나 버스 안에서도 끊임없이 생각하죠. 하지만 가끔은 생각을 멈추어 보는 것은 어떨까요? 우리는 생각하지 않으면서도 존재할 수 있습니다. 틱낫한 스님은 이를 정말 멋진 일이라고 표현합니다.

가끔은 생각을 멈추고 존재하세요. 그건 좋은 기분일 것입니다.

☐ 읽기
☐ 결심하기
☐ 인생 문장

큰 변화의 시작

큰 변화는 결국 사소한 것들이 축적되어 만들어내는 것이다.

승리하는 습관: 승률을 높이는 15가지 도구들_앨런 스테인 주니어·존 스턴펠트

　　성공은 어느 날 갑자기 일어나는 마법 같은 일이 아닙니다. 당신이 불러들이고, 선택하고, 만들어내는 것이죠.

　　최고를 최고로 만들어주는 비결, 그건 바로 성공의 기본 원칙을 깨닫고 매일매일 기본을 실천하는 것입니다. 즉 성공한 사람은 남이 하지 않는 사소한 일을 꾸준히 한 사람이죠. 그리고 끝까지 한 사람입니다. 오늘부터는 사소한 일을 꾸준히 해나가는 습관을 들여보세요.

DAY
207

☐ 읽기
☐ 결심하기
☐ 인생 문장

침묵의 힘

의미 없는 말은 하지 않는 것이 효과적입니다.
'침묵을 어떻게든 해야 한다.'라는 생각을 버리세요.

휘둘리지 않는 말투, 거리감 두는 말씨_Joe

아마 당신은 침묵을 견디지 못해 애써 아무 말이나 했던 경험이 있을 것입니다. 그러나 침묵은 그 자리에 있는 두 사람의 책임이니 혼자 책임질 일이 아니죠. 상대에 대한 당신의 배려와 그 배려로 인해 서로에게 초래되는 불편함이 이 어색한 침묵의 정체입니다.

오늘은 침묵이 이어지더라도 신경 쓰지 말고 자연스럽게 받아 들여보세요.

☐ 읽기
☐ 결심하기
☐ 인생 문장

공존을 위한 생각

어떤 일을 할 적엔 반드시 전체와의 연관 속에서 그 일을 추진할 것

야생초 편지_황대권

야생화를 통해 작가가 말하고자 하는 핵심은 사람들끼리의 공존, 자연과 인간과의 공존, 한 사회와 다른 사회와의 공존입니다.

하지만 공존을 지향하면 살기 쉽지 않습니다. 이기심 때문이죠. 그러나 인간의 이기심은 사랑으로 극복할 수 있습니다. 공존이야말로 인류가 지향해야 할 것이 아닐까요? 오늘은 어제와 달리 타인과 공존하려는 생각을 해 보세요.

DAY
209

☐ 읽기
☐ 결심하기
☐ 인생 문장

심심한 하루

불행하다고 인식한 사람만이 변화를 만들어내고,
심심한 사람들만이 심심함을 벗어날 수 있다.

나는 이렇게 될 것이다_구본형

　　인간이 노래하고 술 마시고 춤을 추는 것은 모두 심심해서 그런 것입니다. 문화는 심심함에 지친 사람들이 심심함을 이기기 위해 만들어낸 놀이라는 생각이 듭니다.

　　사람은 늘 새롭고 재미있는 것을 찾습니다. 아무리 재미가 있어도 뇌가 적응하면 재미는 떨어지게 마련이라 새로운 것을 찾게 되는 것이죠. 창조적인 생각은 뇌가 심심해야 떠오릅니다. 오늘은 비생산적인 뇌 소모를 줄이고 심심한 하루를 보내보세요.

☐ 읽기
☐ 결심하기
☐ 인생 문장

똑똑한 선택하기

행복한 사람이 똑똑한 사람이다.

행복한 이기주의자_웨인 다이어

　　똑똑한 사람은 어떻게 행복을 만들어 가는지를 잘 알고 있습니다. 그것은 때론 이기적으로 비추어질 때도 있죠.

　　하지만 그것은 단순히 이기적인 것만은 아닙니다. 오늘은 내 행복을 최우선으로 해 봅시다. 진정 자신의 행복을 위해서 살 때 다른 사람의 행복도 바라볼 수 있는 여유가 생기는 법입니다.

☐ 읽기
☐ 결심하기
☐ 인생 문장

그런 법칙은 없다

사랑을 받으려고 하면 괴로워지고,
사랑을 주려고 하면 행복해진다.

나카타니 아키히로의 행복어 사전_나카타니 아키히로

　사랑은 주는 것입니다. 주고 더 퍼주어도 행복한 것이 바로 사랑입니다. 그래서 사랑을 주려고 하면 행복해지고, 받으려고 하면 반대로 괴로워지죠. 진정으로 사랑하는 사람은 주는 것이 사랑이라는 것을 알기 때문에 그런 것에 신경 쓰지 않습니다.

　오늘은 사랑을 받기보다는 주려고 해 보세요.

☐ 읽기
☐ 결심하기
☐ 인생 문장

인생은 권투 시합

나는 한 회 한 회 버티는 것이 너무 힘들긴 했지만,
중도에서 포기하지 않았다.

누구에게나 한 방은 있다_홍수환

인생은 권투 시합에 비할 수 있습니다. 한 회 한 회 버티어 나가는 것은 정말 힘든 일이죠. 하지만 버티기 힘든 그 한 회를 포기하지 않고 싸우러 나가는 자에게 미래는 열릴 것입니다. 포기하지 마세요. 무릎 꿇지 마세요. 이번 회가 지나가면 다음 회에 또 다른 기회의 문이 열릴 수도 있습니다.

그렇게 우리는 운명적인 싸움을 계속해나가야 하는 존재입니다. 시련이 거셀수록 승리도 가까워지는 것이죠. 오늘은 강력한 한 방을 위해 힘을 내보세요.

□ 읽기
□ 결심하기
□ 인생 문장

세상을 바라보는 힘

식이가 천자문을 외우는 동안, 홍이는 만자문을 터득하였구나!

반갑다 논리야_위기철

식이가 스승이 준 천자문을 외우는 동안 홍이는 세상을 향해 여행을 떠납니다. 언뜻 보기에 식이는 모범생이고 홍이는 날라리 같죠. 하지만 시간이 지나고 보니 식이가 천자문에 갇혀있는 동안 홍이는 여행을 통해서 만자문을 터득하게 됩니다. 이는 책 속에 묻혀서 세상을 바라보는 힘을 잃어버리게 되는 것을 경계하는 이야기죠.

생각의 폭을 넓히려면 책에만 묻혀서 세상을 바라보는 힘을 잃어서는 안 될 것입니다. 오늘은 책 속이 아닌 지도 밖 바깥세상에서 진짜 인생도 만나보세요.

DAY
214

☐ 읽기
☐ 결심하기
☐ 인생 문장

모든 일은 순서에 따라

글쓰기에는 우연이 없고, 세상일에 우연히 이루어지지 않는다.

원고지 10장을 쓰는 힘_사이토 다카시

글쓰기에는 우연이 없습니다. 모든 일이 그러하겠지요. 세상일에 우연히 이루어지는 일은 없습니다. 모든 일은 하나하나 차곡차곡 쌓아 올린 결과물인 것이 대부분이죠. 우리는 1층을 짓지 않고 2층을 올릴 수 없습니다. 2층을 짓지 않고 3층을 올리지 못하죠.

모든 일에는 순서가 있는 법입니다. 조급한 마음을 버리세요. 오늘은 모든 일을 순서에 따라 차근차근해 나가 보세요.

☐ 읽기
☐ 결심하기
☐ 인생 문장

수천 번의 반복

매일 노력하는 연습벌레를 이길 수 있는 사람은 없다.

내 인생 5년 후_하우석

매일매일 노력하는 사람을 어떻게 이길 수 있을까요? 그런 점에서 연습이 가져오는 놀라운 효과를 보세요. 무언가에 서투른 사람이라도 연습을 통해 다른 존재로 태어날 수 있습니다.

농구 황제 마이클 조던을 만든 것은 수천 번의 슛 연습이었습니다. 연습이 없었더라면 마이클 조던은 농구 황제라는 칭호를 얻지 못했을 것입니다. 오늘부터라도 매일매일 연습하세요. 반드시 이길 수 있을 것입니다.

DAY
216

☐ 읽기
☐ 결심하기
☐ 인생 문장

스스로의 사색

최고의 정신이 보여주는 특징은 판단을 결코 타인에게 의지하지 않고,
직접 자신의 힘으로 결정한다는 데 있다.

쇼펜하우어 인생론_쇼펜하우어

최후의 결정은 자기 자신이 내려야 합니다. 그런 점에서
스스로 사색하는 습관은 중요하죠. 스스로 사색을 통해서
자신의 문제를 자신이 결정하는 힘을 기를 수 있습니다. 타
인에게 자꾸 의지하다 보면 생각하는 힘이 약해지죠. 이는
정신의 독립을 방해합니다.

오늘부터 스스로 생각하는 연습을 시작하세요. 당신의
정신을 강하게 만들 수 있는 비결입니다.

□ 읽기
□ 결심하기
□ 인생 문장

인생의 성취

인생의 성취는 여유 시간에 무엇을 하는가에 있다.

부자 아빠 가난한 아빠_로버트 기요사키

사람마다 여유 시간은 다를 수 있습니다. 하지만 누군가는 짧은 여유 시간을 잘 활용하는 반면, 다른 누군가는 긴 여유 시간을 낭비하기도 합니다. 여유 시간을 어떻게 사용하는가는 부를 향한 길에서도 꼭 필요한 일이기도 합니다.

오늘부터는 여유 시간을 잘 활용해 보세요. 당신의 미래가 달려 있습니다.

DAY 218

☐ 읽기
☐ 결심하기
☐ 인생 문장

자신만의 개성을 유지한다는 것

자연은 획일성을 싫어하고 다양성을 좋아한다.

상대적이며 절대적인 지식의 백과사전_베르나르 베르베르

자연에는 같은 것이 없습니다. 같아 보이지만 전부 다르죠. 인간 사회 역시 자연의 연장선에 있습니다. 그래서 획일적인 것보다는 다양한 것을 좋아합니다.

중요한 것은 이 사회 속에서 어떻게 남과 다른 차별성을 만들어내는가 하는 것입니다. 유행을 따르지 않고 자신만의 개성을 유지하는 게 쉽지만은 않습니다. 하지만 자신만의 고유성이 스스로를 특별하게 만듭니다. 오늘은 자신만의 특별한 고유성이 무엇인지 찾아보세요.

☐ 읽기
☐ 결심하기
☐ 인생 문장

다른 사람의 탓으로

실패와 불행을 외부의 사건이나 사람의 탓으로 돌리는 태도야말로
모든 화, 고통, 좌절의 원인이라는 점을 대부분이 깨닫지 못하고 있다.

마음의 불을 꺼라_브렌다 쇼샤나

남 탓을 하면 발전이 없습니다. 물론 진짜 다른 사람의 탓인 경우도 있지요. 하지만 그런 경우라도 남 탓을 하면 그냥 비난을 위한 비난이 되기 쉽습니다.

다른 사람의 탓을 하기보다는 자신의 책임을 다하는 습관을 기르세요. 우리가 남 탓하기를 그만두고 자신의 책임을 다하기로 다짐하면 삶의 곳곳에서 엄청난 변화가 일어나게 될 것입니다. 오늘부터 남 탓하는 습관을 버리세요.

☐ 읽기
☐ 결심하기
☐ 인생 문장

자동 전조등

다른 사람에게서 발견하는 단점이 사실은
대부분 자신의 싫어하는 내면의 모습이라는 말은 진리다.

마음의 발견_브라이언 로빈슨

타인의 단점은 자신의 잘못보다 더 잘 보입니다. 마치 자동 전조등이 켜지는 것처럼 말입니다. 타인의 단점만 보는 까닭은 그 흠이 자신에게도 있다는 점을 인정하지도, 고치려 하지도 않기 때문이죠.

반대로 남을 볼 때는 나쁜 점을 잘 보던 눈이 자기 자신에게는 한없이 관대해지는 경우가 많습니다. 오늘은 자기 자신의 단점에 대해 생각하는 시간을 한번 가져보세요. 내가 싫어하던 타인의 단점과 비슷하지는 않나요?

☐ 읽기
☐ 결심하기
☐ 인생 문장

인생을 바꾸고 싶다면

성공은 하루하루를 중요시하는 데서 시작된다.
매일매일 훌륭하게 보낸다면 그보다 더 좋을 수는 없을 것이다.

와우 프로젝트_톰 피터스

성공은 하루를 중요시하는 데서 생겨납니다. 매일매일을
잘 보내는 사람의 미래가 어두울 리는 없죠.

인생을 바꾸고 싶다면 오늘 하루부터 개선해 나가는 것
은 어떨까요. 오늘 하루를 일생의 한 번뿐인 소중한 날로 생
각해 보세요. 그러면 아낌없이 하루를 살 수 있을 것입니다.

☐ 읽기
☐ 결심하기
☐ 인생 문장

인생이라는 꿈속

인생이 한낱 꿈에 불과하다고 생각하는 사람들이 많이 있었고,
나도 언제나 그런 기분으로 살아왔네.

젊은 베르테르의·슬픔_요한 볼프강 폰 괴테

이 작품을 읽는다면, 일단 매우 놀랄 것입니다. 결말의 자살마저도 아름답게 끝난 나머지, 유명인의 자살을 모방하여 목숨을 끊는 현상에 '베르테르 효과'라는 이름이 붙을 정도였으니까요. 그러나 정작 사연의 주인공인 괴테는 자살은커녕 심지어 80세 넘게 장수했습니다.

그러니 오늘부터는 인생이 한낱 꿈처럼 느껴지더라도 포기하지 말고 끝까지 살아 내보세요. 그 끝은 반드시 해피엔딩일 것입니다.

☐ 읽기
☐ 결심하기
☐ 인생 문장

자유로운 영혼

인생의 신비를 사는 사람들에겐 시간이 없고,
시간이 있는 사람들은 살 줄을 몰라요.

그리스인 조르바_니코스 카잔차키스

감정적 욕구를 너무 억제하고 살다 보면 자신에게 그런 욕구가 있다는 것조차 잊게 될 수 있습니다. 직장에서 가정에서 다른 사람의 욕구를 해소해 주는 일을 우선으로 하면서, 자신이 하고 싶은 일은 우선순위에서 뒤로 미루게 되는 것이죠. 이런 상태가 이어지면 자신의 욕구를 제대로 알지 못하고 의욕상실에 빠지게 됩니다.

오늘은 나의 욕구를 최우선으로 해소해보세요. 나의 인생을 더욱더 사랑하게 되는 계기가 될 것입니다.

DAY
224

☐ 읽기
☐ 결심하기
☐ 인생 문장

인간탐구

인간은 변덕스럽고, 위선적이며, 탐욕스러운 동물이다.

군주론_니콜로 마키아벨리

마키아벨리는 정치적 집단을 이끄는 '군주'에 대해 말합니다. 현대사회에서도 우리는 크고 작은 집단에 속해있죠. 인간관계에서 능숙하게 주도권을 잡기 위해서는 먼저 인간에 대해 알아가야 합니다. 마키아벨리는 특유의 냉철하고 날카로운 시선으로 인간을 관찰하고 탐구했습니다.

오늘부터는 그의 냉철한 말처럼 관찰을 습관화하여 실패하지 않는 인간관계를 만들어 보세요.

DAY
225

☐ 읽기
☐ 결심하기
☐ 인생 문장

인간 내면의 본성

우리가 사람을 대할 때, 논리적인 동물을 대하고 있는 것이 아니라
자존심과 허영에 따라 움직이는 감정의 동물을 상대하고 있는 것이다.

데일 카네기 자기관리론_데일 카네기

카네기는 허름한 셋방살이 집에서 시작하여 입지전적인 성공을 거둔 사람입니다. 그의 인생을 보다 보면 성공의 불가분 요소인 인간관계 및 처세에 대한 통찰을 얻을 수 있을 것입니다. 그는 인간 심리에 대해 깊게 고찰하였고, 현대인의 처세술에 대해 명확한 진단을 내렸습니다.

인간관계가 고민된다면 오늘은 카네기처럼 인간 내면의 본성을 보려고 노력해 보세요.

☐ 읽기
☐ 결심하기
☐ 인생 문장

파스칼의 갈대

인간은 더없이 연약한 한줄기의 갈대에 불과하다.
그러나 생각하는 갈대이다.

팡세_블레즈 파스칼

인간의 본성에는 단점도 많지만, 숨겨진 잠재력이 있다고
합니다. 누구든지 진리를 탐구하며 자신의 인생에 대해 천착
하면 현자가 될 수 있다는 것이 파스칼의 생각이죠.

다른 사람이 남기고 간 지혜를 배우는 것도 좋지만, 스스
로 삶을 살아가면서 깨우칠 수 있는 인간의 숨겨진 힘을 가
슴에 새기고 살아보세요.

☐ 읽기
☐ 결심하기
☐ 인생 문장

0에서 1되기

1천을 필요로 하는 당신은 1을 소중히 하지 않으면
절대 1천을 구할 수 없다.

몸을 굽히면 진리를 줍는다_마빈 토케이어

'천 리 길도 한 걸음부터'라는 속담처럼 한 걸음 내딛지 않는다면 어떤 길도 갈 수 없습니다. 목표가 크다고 큰일부터 하려 하면 두려움이 앞서 그 일을 시작조차 하기 어렵기 때문입니다.

어떤 이는 '작심삼일'이라고 하지만 다른 이는 '시작이 반'이라고도 합니다. 일단 시작을 하면 멈추더라도 언젠가 다시 도전할 수 있기 때문입니다. 그러니 오늘은 아주 작은 '1'부터 시작해 보세요.

DAY
228

☐ 읽기
☐ 결심하기
☐ 인생 문장

비움의 힘

당신의 시야를 가치가 사라진 물건에 두지 마라. 더 이상 필요하지
않은 물건을 버려야 현재의 삶을 진정으로 즐길 수 있다.

하루 한 장 리스트의 힘_가오위안

새로운 물건에 대한 욕심은 누구나 가지고 있습니다. 욕심
에는 끝이 없어서 결국 집 안이 온갖 물건으로 가득 차 엉망
이 되고 맙니다. 집이라는 한정된 공간을 쾌적하게 사용하려
면 비움과 채움이 함께 있어야 하죠.

버려야만 남은 물건의 가치를 제대로 느낄 수 있습니다.
오늘은 사용 가치가 떨어진 물건을 과감하게 버려보세요.

☐ 읽기
☐ 결심하기
☐ 인생 문장

나중에 다시 말씀드리겠습니다

사람들은 보통 지금 하는 말이 미래에 엄청난 영향을
끼칠지도 모른다는 사실을 잊는다.

생각하며 산다는 것_P. M. 포르니

　　무의식적으로 튀어나오려는 말과 해야 하는 말을 비교하
고 후자를 선택하세요. 생각할 시간을 충분히 더 가질 수도
있습니다. 필요하다면 아직 답변할 준비가 안 되었다고만 말
하세요.

　　인간관계의 형성은 상호 간의 커뮤니케이션으로 이루어
집니다. 그리고 그 대부분은 말로써 교환되죠. 인간의 행동
중에 가장 중요하지만 힘든 것이 말의 절제입니다. 쉽게 내뱉
을 수 있지만 주워 담기는 어려운 것이 말임을 명심하세요.

DAY
230

☐ 읽기
☐ 결심하기
☐ 인생 문장

너무나 인간적인

지식인이라면 적을 사랑할 수 있을 뿐만 아니라
친구를 미워할 수도 있어야 한다.

인간적인 너무나 인간적인_프리드리히 니체

세상에 '원래 그런 것', '당연한 것'은 없습니다. 모든 현상에는 원인이 있고, 어떻게 생각하느냐에 따라 동전의 양면처럼 뒤집힐 수 있습니다. 그러니 아무리 친한 친구라고 해도 무조건 믿기보단 '왜' 그렇게 생각했는지 의심해봐야 합니다.

위대한 흔적을 남긴 사람들은 모두 마음속에 '왜?'라는 질문을 품었습니다. 오늘은 당연한 일에도 '왜'라는 의문을 가져보세요.

☐ 읽기
☐ 결심하기
☐ 인생 문장

100퍼센트의 법칙

100퍼센트의 법칙은 나에게 일어나는 일을
100퍼센트 내 책임으로 보는 법칙입니다.

괜찮아, 다 잘되고 있으니까_사이토 히토리

좋지 못한 일이 생겼을 때 자기의 잘못을 100퍼센트 인정하는 사람은 거의 없습니다. 하지만 모든 일이 비롯되는 것은 나로부터 입니다. 모든 일의 중심에 내가 없다면 나에게는 아무 일도 일어나지 않을 것이기 때문이죠.

우리가 온전히 움직일 수 있는 사람은 자신뿐입니다. 오늘은 모든 일이 100퍼센트 나의 책임이라고 인정해보세요.

☐ 읽기
☐ 결심하기
☐ 인생 문장

자기 변화의 완성

자기 변화는 최종적으로 자기가 맺고 있는
인간관계가 바뀜으로써 완성됩니다.

담론_신영복

　이것은 개인의 변화가 개인을 단위로 완성될 수는 없다는 것을 뜻합니다. 그리고 더욱 중요한 것은, 자기 변화는 옆 사람만큼의 변화밖에 이룰 수 없다는 뜻이기도 하죠. 자기가 맺는 인간관계가 자기 변화의 질과 높이의 상한입니다. 같은 키의 벼 포기가 그렇고 어깨동무하고 있는 잔디가 그렇습니다.

　생각을 바꾸고 사는 곳을 바꾸고 만나는 사람을 바꾸면 인생을 변화시킬 수 있습니다. 오늘은 기존에 만나던 사람보다 새로운 사람을 만나보세요.

☐ 읽기
☐ 결심하기
☐ 인생 문장

삶과 죽음 사이

모든 것을 끝내는 죽음은 오늘이든 내일이든 반드시 닥쳐올 것이고,
영원에 비하면 그것은 찰나에 불과하다.

전쟁과 평화_레프 톨스토이

인간이 전쟁 없이 평화로웠던 시기는 세상에서 얼마나 될
까요? 톨스토이는 작품의 줄거리를 전개하면서 전쟁 상황과
평화로운 삶의 모습을 번갈아 보여줍니다. 주인공들은 전쟁
과 삶 사이를 오가면서 사랑과 증오, 삶과 죽음의 의미를 깨
닫죠. 그리고 역사의 소용돌이 속에서 새로운 삶과 그 의미
를 발견합니다.

지금도 지구 곳곳에서 벌어지는 전쟁으로 많은 사람이 희
생되고 있습니다. 오늘은 현재 내가 사는 나라가 평화롭더라
도 다른 나라 전쟁에 관심을 기울여보세요. 삶과 죽음에 대
해 깊게 고찰할 수 있을 것입니다.

☐ 읽기
☐ 결심하기
☐ 인생 문장

보다 돈독한 사이

성공이나 명성도 서로 나눠 가질 상대가 없으면 허무할 뿐이다.

유명 영화배우의 인생 고백_그레이스 켈리

주변에 사람이 없다면 무언가를 달성한다고 해도 허무할 뿐입니다. 우리는 주변 사람들에게 얼마나 신경을 쓰고 있나요. 자기 일에 바빠서 주위 사람들을 소홀히 하고 있지는 않나요.

오늘은 우리 자신의 모습을 다시 한번 반성해 볼 때입니다. 주위 사람들에게 자신의 사랑을 전하세요. 그리고 더욱 돈독한 사이를 만들어 보세요. 당신의 행복은 더욱 커질 것입니다.

DAY
235

☐ 읽기
☐ 결심하기
☐ 인생 문장

'더하기'가 아닌 '빼기'

더 큰 효과를 얻고 싶다면 일의 가짓수를 줄여야 한다.

THE ONE THING_게리 켈러·제이 파파산

　우리에게 주어지는 시간과 에너지는 한정되어 있습니다. 그것을 너무 넓게 펼치려 애쓰다 보면 노력은 종잇장처럼 얇아지죠. 사람들은 일의 양에 따라 성과가 점점 더 쌓이기를 바라는데, 그렇게 하려면 '더하기'가 아닌 '빼기'가 필요합니다.

　탁월하다고 인정받는 사람들은 한 가지 일을 제대로 한 사람들입니다. 오늘은 다른 것들은 줄여서 한 가지 일에만 몰두해보세요.

☐ 읽기
☐ 결심하기
☐ 인생 문장

변명 멈추기

성공은 어려움과 문제를 해결하는 데 있습니다. 성공하고 싶다면
자신 외의 다른 사람에게 손가락질할 생각은 마십시오.

끝없는 추구_덱스터 예거 외

살아가면서 변명처럼 편한 책임회피 도구가 없습니다. 하지만 변명을 댄다고 해서 상황이 좋아질 리 없습니다. 실패한 일의 책임을 자신에게 돌릴 때 비로소 잘못된 점을 파악하고 그 실패를 거듭하지 않을 수 있기 때문이죠.

오늘부터는 변명을 멈추고 모든 일에 책임지는 사람이 되어보면 어떨까요.

☐ 읽기
☐ 결심하기
☐ 인생 문장

반짝이는 행복

세상에는 사람들이 생각하는 것보다
훨씬 많은 소박한 행복들이 있거든요.

파랑새_모리스 마테를링크

　　우리의 시대는 작은 행복을 느끼기에는 너무나 많은 어려움이 있습니다. 맑은 봄 날씨에 행복을 느껴보고 싶지만, 눈앞의 현실에 계절을 즐길 여유가 없습니다. 또, 맑은 공기의 행복을 느끼고자 하면 하늘에 미세먼지가 가득합니다.

　　하지만, 자신을 갉아먹지 않을 만큼의 희망은 품고 있는 편이 좋습니다. 지금 당신의 곁에 놓인 것을 잊거나 외면하지만 않는다면요. 오늘부터는 자신만의 소박한 행복을 누리며 살아가기를 바랍니다.

□ 읽기
□ 결심하기
□ 인생 문장

DAY 238

'싫다'고 말하는 용기

자신의 정신적인 건강과 행복을 위해서는 필요할 때
"싫다"고 말할 수 있어야 한다.

관계의 달인 _ 앤드류 매튜스

원활한 인간관계를 위해서는 다른 사람의 요구를 적극적으로 들어주는 것이 필요합니다. 하지만 그 일이 마음에서 우러나오거나 꼭 나를 필요로 하는 일이 아니라면 일방적인 희생일 뿐이죠.

가장 가까운 사람이라도 들어줄 일과 그렇지 않은 일은 반드시 구분해야 합니다. 원활한 인간관계는 상호존중이 기본이기 때문입니다. 오늘부터는 '싫을' 때 꼭 한 번 "싫다."고 말해보세요.

☐ 읽기
☐ 결심하기
☐ 인생 문장

이기적 용서

우리가 용서를 하는 까닭은 우리 자신과
특히 우리 자신의 건강을 위해서이다.

끝나지 않은 여행_M. 스캇 펙

나쁜 감정은 쉽게 잊히지 않아 언젠가는 다른 상대에게 표출됩니다. 나의 마음속에 아무것도 남지 않아야 그로 인해 괴로워할 일도 없게 됩니다.

지금 다른 사람에 대한 부정적 감정을 마음속에 품고 있다면 그 치료제는 오직 용서밖에 없습니다. 오늘은 용서하기 힘들었던 사람을 자기 자신을 위해 용서하는 시간을 가져보세요.

DAY
240

☐ 읽기
☐ 결심하기
☐ 인생 문장

불공평하다는 진실

인생이 불공평하다는 이 객관적 사실을 인정하고 받아들일 때
비로소 편안한 마음으로 자기 인생을 설계할 수 있다.

인생은 지름길이 없다_스웨이

　　신은 과연 공평할까요? 평생 이 문제를 화두로 삼는 사람들은 죽을 때까지 하늘을 원망하고 남 탓을 하느라 세월을 낭비하죠. 인생이 공평하든 공평하지 않든 선택의 여지는 없습니다. 그것을 활용하는 것은 내 몫입니다. 절대적인 공평은 존재하지 않아요.

　　오늘은 인생이 불공평하다는 객관적 사실을 인정하고 받아 들여보세요. 한결 마음이 편안해질 것입니다.

☐ 읽기
☐ 결심하기
☐ 인생 문장

비움의 공부

내가 꿈속에서 나비가 된 것일까.
아니면 꿈속에 내가 있었던 것일까?

장자의 비움 공부_조희

　　장자는 꿈속에서 나비가 되었습니다. 그런데 나비가 장자가 된 것인지 아니면 장자가 잠깐 나비가 되었는지 구분하지 못하겠다고 말했죠. 이처럼 꿈과 현실은 맞닿아 있습니다. 우리는 너무 현실에 집착할 필요가 없습니다. 현실 세계는 한 바탕 꿈과 같기 때문입니다.

　　오늘은 집착 대신 '비움'을 공부하며 마음에 안정을 채워 보세요.

□ 읽기
□ 결심하기
□ 인생 문장

돌 대신 말

화가 난 사람에게 돌 대신 말을 던짐으로써 문명이 시작되었다.

꿈의 해석_지그문트 프로이트

　냉정한 철학자들의 말에 따르면 인간은 우리가 생각하는 것보다 더 이기적이고, 폭력적인 본성을 지니고 있습니다. 그리고 이런 심리에 대해 제대로 성찰해 본 사람이 현명한 인간관계를 이끌어나갈 수 있죠.

　인간이 모여 이루어낸 문명, 우리 사회에 만연한 군중 심리를 오늘 한 번쯤은 프로이트의 시각으로 바라 보면 어떨까요?

DAY
243

☐ 읽기
☐ 결심하기
☐ 인생 문장

한 가지를 탁월하게 잘하는 사람

관심과 재능은 구분되어야 한다. 재능은 한 분야에 집중되어야만
성공이라는 이름을 얻을 수 있다.

노력 보존의 법칙_윤태익

패션계의 거장 조르지오 아르마니의 말입니다. 여러 방면
에 관심이 많은 사람의 가장 큰 단점은 무언가에 '걸어보지'
않는다는 것입니다. 성공이라는 이름은 자신이 가진 재능 중
하나에 자신의 삶을 '걸었을 때' 얻어지는 과실이죠.

공부도 하나의 재능인데 재능이 없는데도 억지로 공부를
하니 어려운 것이고 그걸로 성공하는 사람이 적은 것입니다.
아직 재능을 찾지 못했다면 오늘은 나의 재능을 탐색하는
시간을 가져 보세요.

258 | 하루하나 365일, 챌린지 인생 문장

☐ 읽기
☐ 결심하기
☐ 인생 문장

다름을 향한 시선

위대함은 강함에 있는 것이 아니라, 힘의 올바른 사용에 있다.
그 힘이 모두의 마음을 감동시키는 자가 가장 위대한 사람이다.

아름다운 아이_R. J. 팔라시오

　　우리에게는 같음과 다름, 공통점과 차이점, 평범함과 특별함이 공존합니다. 그 속에서 우리는 색안경을 끼거나 경계하며 타인을 마주하죠. 또는 누군가의 낯선 시선을 받아들이게 되기도 합니다. 이러한 시선은 삶을 지치게 하고 우리를 나약하게 만듭니다.

　　그러나 당신은 그저 당신일 뿐이며, 타인은 그저 타인일 뿐입니다. 오늘은 상대를 기울어진 시선으로 바라보지 말고, 올곧게 받아들인 뒤에 친절한 말을 건네보세요. 이것이 힘을 올바르게 사용하는 비법입니다.

☐ 읽기
☐ 결심하기
☐ 인생 문장

엉킨 실 풀기

오히려 1도의 관점 전환과 1퍼센트의 행동 변화만으로도
충분한 경우가 더 많다.

1%만 바꿔도 인생이 달라진다_이민규

인생을 살다 보면 가고 있는 길이 때로는 험해지고 때로는 꽉 막혀버릴 수 있습니다. 그렇다고 인생길을 처음으로 되돌릴 수는 없죠. 하지만 약간만 다른 방향으로 발걸음을 옮긴다면 그동안 보이지 않던 길이 보이기 시작할 수 있습니다.

지금 일이 잘 풀리지 않나요? 그렇다면 오늘은 일하는 방식을 조금만 바꿔보세요. 엉킨 실이 풀리기 시작할 것입니다.

☐ 읽기
☐ 결심하기
☐ 인생 문장

이기는 싸움

늘 좋은 성과를 내는 사람은 질 것 같은
싸움에는 아예 들어가지 않는다.

빅 픽처를 그려라_전옥표

이기는 싸움에만 들어간다는 것은 목표를 이루기 위해 자신이 해야 할 일과 하지 말아야 할 일을 정확하게 안다는 것입니다.

사람들은 이길지 질지 판단조차 하지 않거나 잘 모르고 질 싸움에 뛰어듭니다. 지금까지 승산 없는 싸움을 하고 있었다면 당장 멈추고 빠져나오세요. 이길 수 있는 싸움만 하기에도 부족한 시간입니다.

☐ 읽기
☐ 결심하기
☐ 인생 문장

욕망이 치밀 때마다

마음에 욕망이 생기거든 곤궁할 때를 생각하라.

도쿠가와 이에야스의 삶과 리더십_이길진

마음에 욕망이 생길 때가 있습니다. 더 멋진 자동차나, 집이나, 애인을 원할 때도 있죠. 그럴 때 필요한 것은 곤궁할 때를 생각하는 것입니다. 우리는 잘나갈 때 주의해야 합니다. 성공할 때 겸손하지 못한 자의 성공은 오래갈 수 없으니까요.

마음속에 욕망이 치밀 때마다 힘들고 어려울 때를 생각하는 사람은 오래 활동할 수 있습니다. 오늘도 욕망이 생겼나요? 어려울 때를 생각해서 한 번 더 참으세요.

DAY
248

☐ 읽기
☐ 결심하기
☐ 인생 문장

마음 내키는 대로

우는 것을 두려워하지 마라.
울음은 그대 마음의 슬픔을 내보내 줄 테니까.
괴로움을 즐거움으로 바꾸는 7가지 방법_가바사와 시온

슬프거나 감동하였을 때는 남들 눈치 보지 말고 눈물을 흘려 보세요. 그러면 속이 후련해질 것입니다.

이 사실은 미국 인디언인 호피족들도 이미 알고 있습니다. 그들은 말합니다. 울고 싶을 때 마음껏 울지 못하는 것도 스트레스로 남는다고. 오늘은 한껏 울고 떨쳐버리세요. 가슴속의 울음을 모두 쏟아내고 나면 저절로 치유될 것입니다.

☐ 읽기
☐ 결심하기
☐ 인생 문장

유행과 거리를 두고

우리가 우리 자신이 되면 그때 비로소
그 자체로 차별적인 존재가 됩니다.

천 개의 문제, 하나의 해답_문요한

  우리는 다른 사람과 차별적인 존재가 되고 싶어 합니다. 하지만 다른 존재가 되려고 노력한다고 해서 꼭 차별적인 존재, 눈에 띄는 존재가 되는 것은 아니죠.

  본인이 진정한 자신으로 살아갈 때 세상에서 가장 특별하고 강한 존재가 될 수 있습니다. 자신만이 가지고 있는 것은 다른 사람에게 없기 때문이죠. 오늘은 잠시 유행과 거리를 두고 자유로운 자기 자신을 찾아보세요.

☐ 읽기
☐ 결심하기
☐ 인생 문장

위기의 순간

당신이 포기하고 뒤로 누워버린다고
당신을 도와줄 사람은 아무도 없다.

백만장자 마인드_토머스 J. 스탠리

모든 것을 포기하고 침대에 드러누운 적이 있습니다. 하지만 시간이 흘러도 상황은 변하지 않았죠. 결국, 자리에서 일어나 새로운 일을 위한 시도를 취했을 때 상황은 변하기 시작했습니다. 위기의 순간 자신을 돕는 것은 결국 자기 자신입니다.

오늘은 자기 자신에 의지하여 새로운 일을 다시 시작하세요. 그러면 당신의 성공을 가로막는 것은 아무것도 없을 것입니다. 우리의 적은 바로 자기 자신입니다.

DAY
251

☐ 읽기
☐ 결심하기
☐ 인생 문장

물질이 아닌 가치

물질은 결코 행복을 주지 못한다.
당신 말고는 그 어떤 것도 신성하지 않다.

잡동사니로부터의 자유_브룩스 팔머

　물질에 내재한 고유한 속성 같은 건 없습니다. 물질 자체
는 중립적인데, 우리가 멋대로 물질에 잘못된 가치를 부여하
고 있는 것이죠. 진정한 행복은 자신을 보살필 때야 비로소
찾아옵니다.

　스스로가 행복한데 뭐가 더 필요할까요? 만족하지 못하
는 삶은 결국 좌절과 불행으로 끝이 납니다. 하지만 마음 하
나만 바꾸면 영원한 만족을 얻을 수 있습니다. 오늘부터는
물질이 아닌 가치를 추구해보세요.

□ 읽기
□ 결심하기
□ 인생 문장

성취감 좇기

나는 결코 돈을 보고 일하지 않았다.
내가 좇은 것은 바로 성취감이었다.

돈은 아름다운 꽃이다_박현주

흔히 우리는 돈을 좇아 일합니다. 하지만 돈이라는 것은 그것을 좇는 사람의 품에는 잘 안기지 않는 법이죠.

돈을 좇지 마세요. 일이 가져오는 성취감을 좇으세요. 그것이 당신의 위치를 다르게 만들 것입니다. 물론 그것은 쉽지 않은 일입니다. 하지만 오늘부터 생각을 바꾼다면 가능합니다. 당신도 할 수 있습니다.

DAY
253

☐ 읽기
☐ 결심하기
☐ 인생 문장

이 세상 어떤 것도

네가 갖고 있지 않은 것들에 대해
마치 이미 갖고 있는 양 연연해하지 마라.

명상록_마르쿠스 아우렐리우스

마음의 불행은 스스로 갖지 못한 것을 마치 가진 것처럼 연연하다 갖지 못할 때 생깁니다.

하지만 이 세상 어떤 것도 '나의 것'이 아닙니다. 자신을 제외한 모든 것은 이 세상을 살면서 잠깐 빌려 쓰거나 소모하고 가는 것이죠. 오늘은 무소유의 마음가짐을 갖고 사물을 대해보세요.

☐ 읽기
☐ 결심하기
☐ 인생 문장

이끄는 능력

리더십은 유전되는 것이 아니라 학습되는 것이다.

콘디의 글로벌 리더십_김종현

우리는 모두 자신의 리더입니다. 자신을 이끌어야 하는 위치에 있다는 것입니다. 자신을 잘 관리하고 다듬으면서 이끄는 능력을 갖춘 사람은 자신을 최고의 자리에 올려놓을 것입니다.

오늘부터는 리더십을 학습하기 위해 적극적으로 나서는 태도를 가져보면 어떨까요.

☐ 읽기
☐ 결심하기
☐ 인생 문장

스스로 채찍질

스스로를 채찍질하는 자만이 성공할 수 있다.
남의 채찍에 맞고서 움직이는 사람은 노예다.

칭기즈칸 리더십_신광철·이호종

성공한 사람은 남이 시켜서 일하지 않습니다. 스스로 일을 하죠. 그들은 결코 자신의 지금에 만족하지 않고 스스로를 채찍질합니다. 될 때까지 수없이 반복하면서 연습하고 자신을 이겨내려고 노력합니다. 그 결과 성공이라는 열매를 딸 수 있었습니다.

남의 채찍에 맞으면 노예입니다. 스스로 채찍질을 해야만 자기 자신의 주인이 될 수 있습니다. 오늘은 스스로를 채찍질해보세요.

☐ 읽기
☐ 결심하기
☐ 인생 문장

매달리지 마세요

달갑지 않은 상황에 처했을 때 맞서느냐
아니면 반대로 함께 가느냐는 자신에게 달렸다.

인생의 고도를 바꿔라_베르트랑 피카르

상황과 동행하는 것은 책임 있는 결정입니다. "그래, 좋아." 하고 결정을 내리면 조건화된 나에게서 벗어나 새로운 해결책을 찾을 수 있습니다.

그러나 해결도 못 하면서 계속해서 풀려고 하는 것은 문제를 일으킬 수 있습니다. 오늘부터는 해결할 수 없는 문제들에 과도하게 매달리지 마세요.

☐ 읽기
☐ 결심하기
☐ 인생 문장

과도한 욕심

얻기 어려운 재물은 사람의 행동을 그르친다고 했다.

노자의 행복여행_김용남

　돈만을 추구하는 사람을 돈에 눈이 멀었다고 합니다. 왜 돈을 얻으려고 하는 것일까요? 결국, 이런 욕심이 자기 자신을 망칩니다. 어떤 사람은 자신의 건강을 해치면서까지 돈을 벌려고 합니다. 결국, 몸과 마음을 피폐하게 만들죠.

　오늘부터는 얻기 어려운 재물에 대한 욕심을 버리세요. 그것이 바로 행복에 이르는 길입니다.

☐ 읽기
☐ 결심하기
☐ 인생 문장

DAY 258

나의 라이벌

세상에서 가장 이기기 힘든 상대는 바로 자기 자신입니다.

새로 풀어 다시 읽는 주역_서대원

우리는 남과 싸우기 전에 먼저 자기 자신과의 승부에서 이겨야 합니다. 하지만 그것은 쉽지 않은 일입니다.

어떻게 하면 자기 자신을 이길 수 있을까요? 그 비결은 고통을 참는 태도에서 드러납니다. 자신을 이긴다는 것은 고통스럽습니다. 자기 자신의 욕망과 싸워야 하기 때문이죠. 하지만 고통을 참고 이기는 사람은 자기 자신을 이길 수 있습니다. 오늘부터는 다른 사람 대신 나를 라이벌로 삼아보세요.

☐ 읽기
☐ 결심하기
☐ 인생 문장

페달을 밟지 않으면

어떠한 시련이라도 나아가라, 또 나아가라.
쉼 없이 나아가라!

정진, 행복을 부르는 힘_지광

인생이란 끊임없는 전진입니다. 전진을 멈추면 자연스럽게 후퇴할 수밖에 없죠. 그래서 인생을 자전거 타기에 비유하기도 합니다. 페달을 밟지 않으면 넘어질 수밖에 없습니다. 당장 오늘 힘들더라도 페달을 밟아야 합니다. 그래야 조금이라도 전진할 수 있으니까요.

때론 인생에서 페달을 놓고 쉬고 싶을 때도 있습니다. 하지만 우리는 마음을 다잡아야 합니다. 나아가라, 나아가라. 끊임없이 나아가라. 오늘은 이 말을 기억하세요.

☐ 읽기
☐ 결심하기
☐ 인생 문장

옛 선비들의 정신

자연의 도와 덕이 있는데 그것을 실행하지 못하는 것이
곤경에 빠지는 것입니다.

장자 인생론_정재원 편

흔히 가난하면 위기에 빠졌다고 생각합니다. 하지만 옛 선비들의 생각은 달랐습니다. 오히려 자연의 도와 덕을 실행하지 못하는 것을 곤경에 빠지는 것이라고 생각했죠.

옛 선비들의 정신이 그립습니다. 부가 인생의 전부가 되는 삶을 지양하고 싶습니다. 자연의 도와 덕을 실행할 수 있다면 그 사람의 정신은 누구보다 부자일 테니까요. 오늘만큼은 성공한 부자들보다 옛 선비들의 정신을 본받아보면 어떨까요?

☐ 읽기
☐ 결심하기
☐ 인생 문장

가득 찬 수레

정말로 아는 사람은 말하지 않는다.
말하는 사람은 알지 못하는 것이다.

도덕경_노자

"빈 수레가 요란하다."라는 속담이 있습니다. 아는 것이 없는 사람일수록 이런저런 말치레로 자신을 꾸민다는 의미죠. 진정으로 아는 사람은 말을 함부로 하지 않는 법입니다.

당신은 빈 수레가 될 것인가요, 가득 찬 수레가 될 것인가요? 후자가 되고 싶다면 오늘만큼은 묵묵히 자기 일을 배워나가세요. 가득 찬 수레는 조용한 법입니다.

DAY 262

☐ 읽기
☐ 결심하기
☐ 인생 문장

자연의 이치

완벽한 인간이 되고 싶다는 희망을 버려야 한다. 그렇지 않으면
자신이 완벽하지 않다는 사실 때문에 심한 고통을 겪게 될 것이다.

행복의 정복_버트런드 러셀

우리는 어디서든 완벽해지기를 원합니다. 그래서 고통스러운 것일지도 모르지요. 눈이 마음에 들면 코가 마음에 안들고, 코가 마음에 들면 입이 마음에 안 드는 법입니다.

완벽해지지 않아도 괜찮습니다. 그것은 자연의 이치이기 때문입니다. 오늘은 완벽하지 않은 나를 사랑해보세요.

☐ 읽기
☐ 결심하기
☐ 인생 문장

리마커블

정말 리마커블 할 때만 당신의 이야기를 들으려 한다.
그렇지 않으면 당신은 보이지도 않는다.

보랏빛 소가 온다_세스 고딘

세상에서 살아남기란 쉽지 않습니다. 대개가 비슷하기 때
문이죠. 이에 세스 고딘은 정말로 '리마커블'하라고 말합니다.
리마커블은 색달라야 한다는 것을 말합니다. 얼룩무늬 젖소
들이 가득한 곳에 보랏빛 소처럼 특이해야 사람들의 시선을
끌 수 있다는 것을 말합니다.

우리는 자신을 리마커블하게 만들기 위해 어떤 노력을 해
야 할까요? 오늘은 나를 돋보이게 해줄 '보랏빛 소'는 무엇일
지 골똘히 고민해 보세요. 훗날 자기 PR을 해야 하는 상황이
오면 오늘의 생각이 큰 도움이 될 것입니다.

☐ 읽기
☐ 결심하기
☐ 인생 문장

이길 때까지 버티는 것

끈기 있게 버텨야 한다. 오늘 올바른 결정을 내린 사람들에게
내일의 태양이 빛날 것이다.

포지셔닝_잭 트라우트·앨 리스

중학교 시절 체육대회 시간 줄다리기를 하던 때가 떠오릅니다. 그때 승부의 전략은 단순했습니다. 초반에 힘을 주어 우리 편으로 끌어당기고 끝나는 종이 울릴 때까지 버티는 것이었죠. 일단 승부의 추가 기울면 그때부터는 처절하게 버텼습니다. 그 전략으로 우리 반은 우승까지 이를 수 있었지요.

비즈니스 세계 역시 마찬가지입니다. 이길 때까지 버티는 것, 그것이 필요합니다. 오늘은 내일의 태양을 위해 끈기 있게 버텨보세요.

DAY
265

☐ 읽기
☐ 결심하기
☐ 인생 문장

습관을 개선하라

자신을 개선하기 이전에 다른 사람과의 관계를 개선하려는 것은
결국 쓸데없는 일이라는 것이다.

성공하는 사람들의 7가지 습관_스티븐 코비

문제가 생기면 우리는 사람을 바꾸려고 합니다. 하지만 그 시도는 모두 실패로 돌아가고 말죠. 오직 변화는 자기 자신이 바뀔 때 이루어질 수 있는 것입니다. 자기 자신을 개선하기 전에 남과의 관계를 바꿀 수는 없다는 것입니다.

그렇다면 자기 자신을 개선하려면 어떻게 해야 할까요? 이에 대해 스티븐 코비는 습관을 개선하라고 합니다. 습관을 바꿀 때, 우리는 우리의 운명을 바꿀 수 있는 것입니다. 다른 사람과의 관계를 개선하고 싶나요? 그렇다면 오늘은 자신부터 먼저 개선해보세요.

☐ 읽기
☐ 결심하기
☐ 인생 문장

인간관계 게임

대부분의 사람들은 자신이 게임을 하고 있다는 사실조차 알지 못한 채,
무의식적으로 인간관계 게임을 한다.

타인의 속마음, 심리학자들의 명언 700_김태현

심리학자 에릭 번은 인간관계를 일종의 게임이라고 보았습니다. 다른 사람에게 나쁜 말을 들었다고 바로 감정적으로 대응하면 서로가 원치 않는 결과가 일어나기 때문이죠. 번이 말하고자 하는 것은 결국 '솔직한 관계'입니다.

오늘은 자기방어적인 태도와 '심리 게임'을 버리고 서로에게 솔직해져 보세요. 더는 인간관계 게임에 휘말리지 않고 좋은 관계를 유지할 수 있을 것입니다.

☐ 읽기
☐ 결심하기
☐ 인생 문장

계속되는 선택 속에서

소중한 것들은 그리 오래 머물지 않는다.
그래서 잎싹은 모든 것을 빠뜨리지 않고 기억해야만 했다.

마당을 나온 암탉_황선미

잎싹은 소중한 것들을 떠나보내는 선택을 마다하지 않습니다. 이처럼 우리의 삶에는 수많은 선택이 필요합니다. 때로는 부딪히기를, 때로는 도망치기를 선택하며 살아가죠. 꿈을 위해 어떻게 해야 하는지, 또 추억을 어떻게 간직하고 나아가야 하는지를 이 작품은 우리에게 말하고 있습니다.

오늘부터는 삶과 추억을 잃지 않고 잘못된 선택에 함몰되지 않도록 내면의 목소리를 충분히 들은 후에 선택하기를 바랍니다.

☐ 읽기
☐ 결심하기
☐ 인생 문장

범접할 수 없는 힘

지속의 힘, 그것은 평범한 사람을 비범한 사람으로 바꿀 정도로
무한한 파워를 가지고 있다.

왜 일하는가_이나모리 가즈오

지속이라는 게 무섭습니다. 어떤 일을 계속하는 사람을 말릴 수 있는 것은 아무것도 없습니다. 어떤 일을 계속하면 혜안이 열리게 되죠. 남들은 범접할 수 없는 힘을 지니게 되는 것입니다. 그리고 전문가가 됩니다. 그래서 어떤 일을 계속한다는 것은 사람들에게 큰 힘이 되는 것입니다.

오늘부터 어떤 일을 포기하지 않고 계속하세요. 당신은 엄청난 파워를 지니게 될 것입니다.

☐ 읽기
☐ 결심하기
☐ 인생 문장

인생도 영화처럼

답을 알아내는 것보다는 문제를 해결하는 것이 흥미롭다.

생각을 뒤집어라_폴 아덴

　마술의 기술이 공개되면 그때부터 신비감을 잃습니다. 누가 이길지 안다면 축구 게임은 전혀 흥미롭지 않을 테고요.

　다양한 가능성이 모두 배제되고 자신이 아는 결말을 향해 가는 인생 또한 전혀 행복하지 않을 것입니다. 오늘은 평소 모르던 분야에 도전하며 흥미를 느껴보세요.

☐ 읽기
☐ 결심하기
☐ 인생 문장

단 하나의 존재

당신은 세상에 단 한 명이기에,
당신이 찾지 않으면 다른 누구도 찾아 줄 수 없다.

위대한 나_매튜 켈리

　　나는 세상에 단 하나뿐인 존재입니다. 그런데도 사람들은 자신의 가치를 잘 모르고 있습니다. 자신에 대해 잘 알려고 하지도 않습니다. 그래서 대부분 평범하게 생을 보내는가 봅니다.

　　하지만 동물과 달리 인간은 우리의 자유로운 의지대로 살아갈 수 있습니다. 삶의 선택권이 있습니다. 우리는 더 나은 모습으로 살아갈 수 있습니다. 그러기 위해 오늘은 세상에 하나뿐인 나를 먼저 아껴주세요.

☐ 읽기
☐ 결심하기
☐ 인생 문장

말 없는 가르침

말 없는 가르침과 무위의 유익함은
천하의 그 무엇도 미칠 수 없다.

노자 강의_야오간밍

때론 시끄러운 논쟁보다 말 없는 가르침이 더 가슴에 와 닿을 때가 있습니다. 존재를 과시하는 것보다도 오히려 존재를 감추는 것이 더 드러나는 일도 있습니다.

우리는 때론 이런 노자의 가르침을 생각해 보아야 합니다. 무위의 가르침은 현대의 우리에게도 교훈을 주고 있습니다. 오늘은 잠잠히 자신을 드러내지 않고 무위의 가르침을 따라 보는 것은 어떨까요.

☐ 읽기
☐ 결심하기
☐ 인생 문장

위기를 기회로

나는 항상 운동이 신체의 건강뿐만 아니라
마음의 평화에도 중요한 열쇠가 된다고 믿었다.

자유를 향한 머나먼 길 넬슨 만델라 자서전_넬슨 만델라

　넬슨 만델라는 억울하게 감옥에 갇혔지만, 인생을 포기하지 않았습니다. 오히려 위기를 기회로 삼았죠. 그 방법 중 하나는 운동이었습니다. 그는 감옥에 갇히는 절망적인 상황에서 울분을 운동으로 해소했습니다. 그의 운동은 샌드백 치기, 달리기와 같은 것들이었는데 땀을 흘리고 나면 마음의 평화를 얻을 수 있었다고 해요.

　오늘은 운동으로 스트레스를 해소해보는 것은 어떨까요.

□ 읽기
□ 결심하기
□ 인생 문장

어려운 시절

되는 일이 없어서 고통스러울 때는
어려웠던 시절을 회상하고 밝은 쪽도 보자.

30년 만의 휴식_이무석

자타가 인정하는 정신분석학의 대가인 이무석 교수는 어려운 시절에도 긍정적인 면을 바라보면서 이겨냈습니다. 그래서 지난 50여 년간 정신분석을 통해 인간의 내면세계를 탐구하고 연구할 수 있었다고 하죠.

우리에게도 어려운 시절이 올 수 있습니다. 그때 좌절하기보다는 인생의 긍정적이고 밝은 부분을 바라보면서 그 시절을 현명하게 이겨내는 것이 좋겠습니다.

흐르는 시간
영원한 사랑,
이성의 계절

시간은 흘러갑니다. 시간의 속도는 누구에게나 공평하죠. 그 시간을 가장 충실히 이용하는 방법은 지금을 충실히 사는 것입니다. 순간순간 닥치는 일에 집중하는 것입니다. 인생의 성과는 지금까지 충실히 보낸 시간과 비례합니다. 그러므로 성공한 사람은 자기 일에 시간을 가장 많이 사용한 사람입니다.

과거에 잘못한 일이 있나요? 깨끗이 잊어버리세요. 미래가 걱정되나요? 지금 바로 앞에 있는 일을 먼저 해결하세요. 일에 몰두하는 순간 잡념은 사라지고 자신의 인생을 영원히 사랑할 수 있게 됩니다.

☐ 읽기
☐ 결심하기
☐ 인생 문장

자만에 빠져 있다면

어리석음이 앎의 최고의 형태입니다.

처음처럼_신영복

　　어리석음이 있기에 우리는 알 수 있습니다. 우리가 어리석지 않다면 더 이상 배울 필요가 없겠지요. 그래서 어리석다는 것은 새로운 배움으로 나아갈 수 있다는 증거가 됩니다.

　　스스로 어리석게 생각할 때 우리는 더 배우고 앞으로 나아갈 수 있습니다. 오늘은 어리석은 나를 돌아보고 좀 더 배우기 위해 노력해 보세요.

☐ 읽기
☐ 결심하기
☐ 인생 문장

숙명 키워드

당신도 당신의 인생을 걸 단 하나의 숙명적인 키워드를 찾아라.

가슴 뛰는 삶_강헌구

누구에게나 인생에 대한 세 가지 큰 고민이 있습니다. "나는 누구인가?", "나는 어떤 사람이 될 것인가?", "나는 무슨 일을 할 것인가?"입니다. 이 세 가지를 하나로 묶는 키워드를 찾는다면 그것이 바로 '숙명'일 것입니다.

이룰 것을 확신하고 달려가는 즐거움, 그것이 바로 숙명적인 키워드가 주는 꿈과 희망이 아닐까요? 하나라도 이루려면 지금 그것을 찾아 숙명으로 삼으세요.

DAY
276

☐ 읽기
☐ 결심하기
☐ 인생 문장

우울증의 징조

우리의 기분을 만드는 것은 현실의 사건이 아니라 우리의 생각이다.
오직 자신의 생각만이 자신에게 영향을 끼칠 수 있다.

관계 수업_데이비드 번즈

'인지 요법' 개발자인 데이비드 번즈에 따르면 우리는 지나친 흑백논리와 일반화, 긍정적 사고의 가치 절하, 성급한 결론, 자신의 가치를 낮추는 평가 등의 10가지 유형의 왜곡된 인식을 갖고 있다고 합니다.

오늘은 그러한 왜곡된 인식에서 벗어나 스스로의 부정적 사고방식을 반박해보세요. 그러다 보면, 우울함과 불안에 시달리던 사람도 건강한 감정을 되찾을 수 있을 것입니다.

DAY
277

☐ 읽기
☐ 결심하기
☐ 인생 문장

100번 읽는 노력

철저하게 읽어라. 몸에 흠뻑 밸 때까지 그 안에서 찾아라.
읽고 또 읽어 되씹어서 소화해 버려라.

찰스 스펄전의 약속_찰스 스펄전

설교의 달인이라고 불리는 스펄전 목사의 비결은 바로 독서에 있다고 합니다. 그의 독서는 반복 독서입니다. 100번을 반복해서 읽어서 온전히 자신의 피와 살이 되게 만드는 것이죠.

어떤 일의 대가가 되고 싶다면 가장 빠른 길은 독서입니다. 그 분야의 대가의 책을 100번 읽는 노력을 통해 우리도 그 분야의 전문가로 입신할 수 있습니다. 오늘은 관심 있는 분야의 책을 한 권 읽어봅시다.

☐ 읽기
☐ 결심하기
☐ 인생 문장

완전히 습득할 때까지

책을 읽을 때는 반드시 한 가지 책을 습득하여 그 뜻을 모두 알아서
완전히 통달하고 의문이 없게 된 다음에야 다른 책을 읽을 것이요.

격몽요결_율곡 이이

당신의 독서 습관은 어떤가요? 이 책 저 책 잡다하게 보고 있지 않나요? 그런 독서로는 한 단계 더 발전된 자신을 만나기는 어렵습니다. 한 책을 보면 그 책을 완전히 습득할 때까지 반복해서 보아야 합니다. 그 책에 통달했을 때 다음 책으로 넘어가야 하죠.

율곡 이이가 말한 이와 같은 독서의 방법을 따르면 우리는 독서의 수준을 한 단계 발전시킬 수 있습니다. 오늘은 어제 읽었던 책을 다시 읽어보세요.

DAY
279

☐ 읽기
☐ 결심하기
☐ 인생 문장

고전 속 지혜

부자들이 읽는 책은 실용서가 많을 것으로 생각하겠지만
실은 군주론, 로마 제국 쇠망사, 도덕경과 같은 고전이 다수였다.

한국의 젊은 부자들_박용석

부자들의 멘토는 다름 아닌 책이라고 합니다. 그것도 일반적인 책이 아니라 고전을 꼽습니다. 이병철 회장이나 정주영 회장은 〈논어〉를 애독서로 삼았다고 합니다. 인문 고전을 바탕으로 하는 경영을 통해서 부를 재창출해 낸 것이죠.

고전 속에는 인류의 변하지 않는 지혜가 숨 쉬고 있습니다. 부를 원한다면 오늘부터 인문 고전을 읽어보세요.

DAY 280

☐ 읽기
☐ 결심하기
☐ 인생 문장

한 사람의 도움

자신에게 찾아오는 기회를 붙잡을 의지만 있다면
세상은 행복으로 가득 차 있고, 가볼 곳도 많아요.

키다리 아저씨_진 웹스터

주디의 키다리 아저씨는 주디의 재능을 알아보고 용기를
주었습니다. 재능은 갖고 태어나기도 어렵지만, 그만큼 발견
하기 어려운 법이죠. 그런 재능을 알아보는 누군가의 존재는
아이의 성장에 큰 역할을 했습니다.

우리의 삶은 이렇게 한 사람이 내민 관심으로 바뀌고 더
나은 방향으로 나아가기도 합니다. 오늘은 또 다른 누군가의
삶을 알아보고 도움을 건넬 수 있는 따뜻한 사람이 되어보
세요.

☐ 읽기
☐ 결심하기
☐ 인생 문장

진짜 인문학 공부

인문학은 지식이 아니라 지혜를 가르쳐요.
인문학은 자신을 돌아보는 학문이에요.
CEO 스티브 잡스가 인문학자 스티브 잡스를 말하다_이남훈

단순히 지식을 쌓기 위한 공부는 구시대의 공부입니다. 오늘날의 인문학 공부는 지혜를 얻기 위한 공부가 되어야 하죠.

스티브 잡스는 기술이 아니라 사람의 마음을 보아야 한다고 말했습니다. 인문학은 기술을 넘어서 사람들의 마음을 들여다보는 지혜를 제공할 수 있습니다. 오늘은 인문학 관련 도서를 골라 읽어보세요.

☐ 읽기
☐ 결심하기
☐ 인생 문장

자존심 지키기

그들이 나를 찾게 하는 것이
자존심을 제대로 지키는 것이다.

멀리 가려면 함께 가라_이종선

성공한 사람들에게는 자존심이 있습니다. 자존심을 지키는 것, 그것이 성공하는 사람들의 모습일 것입니다. 자존심도 없는 사람이라면 사람들의 인정을 받을 수는 없습니다.

오늘부터는 자신의 자존심을 지키는 만큼 자신의 실력을 높이 쌓는 사람이 되세요. 자기 분야에서 최고가 된 모습을 사람들에게 보여주는 것이 진정으로 자존심을 지키는 길입니다.

283

☐ 읽기
☐ 결심하기
☐ 인생 문장

인생을 바꾸고자 한다면

1단계: 인생의 기준을 높여라. 2단계: 제한된 믿음을
변화시켜라. 3단계: 삶의 전략을 변화시켜라.

네 안에 잠든 거인을 깨워라_앤서니 라빈스

인생을 바꾸는 방법이 있습니다. 그것은 위의 3단계를 따르는 것이죠. 먼저 자신의 인생에 대한 기준을 높이고, 믿음을 바꾸고, 전략을 변화시키는 것은 우리의 인생을 바꿀 수 있는 효과적인 방법입니다.

오늘은 우선 우리 인생에 대한 기준을 지금보다 높게 설정해 보세요.

☐ 읽기
☐ 결심하기
☐ 인생 문장

진정한 자기 모습

사람은 자신이 작아 보일 때 우울하고 분노한다.
하지만 커진 자신을 발견했을 때는 작은 일로 분노하지 않는다.

30년 만의 휴식_이무석

　　우리의 자아는 다른 사람들과의 비교를 통해 정체성을 찾으려고 합니다. 자기 주변의 뛰어난 사람이 마치 자신인 양 자랑하며 다른 사람들보다 우월해지려고도 하죠.

　　부족하고 작더라도 나의 참모습을 있는 그대로 바라볼 때 나의 마음은 외부와의 비교에 흔들리지 않을 수 있습니다. 이것이 바로 큰마음이요, 자유로운 마음입니다. 이런 마음속에 진정한 평화와 휴식이 찾아옵니다. 오늘은 우리의 마음도 깊어지는 시간을 가져보면 좋겠습니다.

☐ 읽기
☐ 결심하기
☐ 인생 문장

인생이라는 초원

초원에서는 그 어떤 동물도 혼자서는 살 수 없다.
그것이 초원의 가장 큰 뜻이다.

푸른 사자 와니니_이현

와니니의 이야기는 우리에게 '함께'의 강인함과 내가 나로서 존재하고 살아가는 삶의 중요성을 알리고 있습니다. 저마다 다른 개성과 특징, 삶의 방식을 가진 동물들이 함께 살아가는 모습은 우리의 삶과도 닮은 점이 있습니다. 자신에 대해 잘 이해하고 상대와의 차이까지 포용할 수 있을 때, 우리는 더 큰 어려움까지 견뎌낼 수 있는 단단한 사람으로 성장하게 될 것입니다.

오늘은 푸른 사자 와니니처럼 내 마음속에 광활한 초원을 품어보세요.

□ 읽기
□ 결심하기
□ 인생 문장

괴로움 나누기

정신적 스트레스를 제거하기 위해서는 우선 마음을 열어야 한다.
이것은 스스로 할 수밖에 없는 일이다.

몸의 혁명_아보 도오루

혼자서 고민을 안고 사는 것은 스트레스를 지속시키는 일입니다. 즐거움을 나누는 것처럼 괴로움을 터놓고 얘기하게 되면, 스트레스는 경감되어 생활을 바꾸는 방향도 발견할 수 있을 거예요.

마음의 병은 혼자 있으면 더 깊어집니다. 그래서 고민이 있으면 최대한 빨리 다른 사람과 터놓고 얘기하는 것이 중요합니다. 오늘은 믿을만한 사람에게 연락하여 고민 상담을 해 보세요.

☐ 읽기
☐ 결심하기
☐ 인생 문장

연결고리 찾기

커리어는 다른 기회로 이어지는 여러 가지 기회의 집합체이다.

10-10-10 인생이 달라지는 선택의 법칙_수지 웰치

　　당신의 일이 다른 일로 이어질 잠재력을 가지고 있다면 그것은 당신에게 맞는 일자리입니다. 자신의 위치에서 최선을 다해야 하는 것은 기본이지만, 그 일이 새로운 일의 발판이 될 수 있을지도 생각해 보아야 합니다.

　　이직이나 퇴직 후의 일과 연결고리가 있으면 한 가지 직업으로 커리어를 이어갈 수 있습니다. 또한, 그 분야의 전문가가 될 수 있습니다. 오늘은 현재 내가 종사하고 있는 분야에서 어떤 일로 나아갈 수 있을지 머릿속으로 그려 보세요.

☐ 읽기
☐ 결심하기
☐ 인생 문장

종이 위에 적으면

40년 후, 존 고다드는 리스트에 적은
127개의 꿈 가운데 106개를 이루었다.

마시멜로 이야기_호아킴 데 포사다

베스트셀러 작가 존 고다드는 꿈을 적고 나서 오랜 시간
이 지난 후 그 꿈을 대부분 이루었다고 합니다. 누구나 꿈이
있습니다.

그리고 그 꿈을 적은 사람은 그 꿈의 성취를 위해 움직이
게 됩니다. 또한, 종이 위에 적으면 이루어진다는 말이 있습니
다. 오늘은 꿈을 적어보고 그 꿈을 달성하기 위해 달려 가보
세요.

DAY
289

☐ 읽기
☐ 결심하기
☐ 인생 문장

명문장 읽기

아무 글이나 막 읽으면 글이 외려 나빠집니다.
정말 잘 쓰인 글을 많이, 되풀이 읽는 게 중요합니다.

고종석의 문장_고종석

우리는 글을 잘 쓰고 싶어 합니다. 글을 잘 쓰는 비결은 무엇일까요. 고종석은 그 비결로 잘 쓰인 문장을 되풀이해 읽는 것을 들었습니다. 잘 쓰인 문장이란 고문진보와 같은 글을 말합니다. 인류 대대로 이어오는 명문장을 가까이하고 그런 글을 되풀이해 읽으면 글 실력이 놀랍게 성장할 것입니다.

오늘 당장 명문장 읽기에 나서세요. 꾸준히 읽으면 당신의 글 실력이 좋아질 것입니다.

☐ 읽기
☐ 결심하기
☐ 인생 문장

그 덫을 벗어나

선천적인 인맥은 더는 인맥이 아니다.

인맥을 끊어라_김영안

선천적으로 맺어진 혈연, 지연 등과 자신의 노력이 가미되지 않은 학연 등은 개인에게 노력하게 만들기보다 모든 일을 안일하게 대처하도록 하는 결과를 불러옵니다. 일하면서 선천적인 인맥에만 의존하면 더 이상의 발전은 기대하기 어렵죠.

오늘은 선천적 인맥 이외의 사람과 친목을 다져보세요.

☐ 읽기
☐ 결심하기
☐ 인생 문장

검증된 기간

10년의 정교한 열정이 당신의 인생을 명품으로 만들 것이다.

명품 인생을 만드는 10년 법칙_공병호

　　인내력을 길러야 합니다. 어떤 일의 전문가로 입신하기까지는 10년을 버티는 사람에게는 빛이 보일 것입니다. 왜냐하면, 이것은 학문적으로 검증된 기간이기 때문이죠.

　　여러 위인의 일생을 살펴보니 그들에게는 10년 정도의 꾸준한 노력이 있었다고 합니다. 말콤 글래드웰은 이를 1만 시간의 법칙이라고 부르기도 했습니다. 당신은 오늘 10년 노력을 하기로 결심하였나요?

☐ 읽기
☐ 결심하기
☐ 인생 문장

경쟁과 협동

사회적으로 완벽한 개인이란 없다.
우리는 모두 집단에 속해있다.

첫눈에 반한 커뮤니케이션 이론_무자퍼 셰리프

우리는 태어나자마자 어떤 집단에 속합니다. 그 집단에서 사람을 만나고, 다른 집단과 경쟁함과 동시에 큰 목표를 위해 협동하기도 하죠.

그렇기에 원하든 원하지 않든 이 모든 사람이 등장하지 않고 이야기가 끝날 수는 없다는 사실을 깨닫고, 모든 사람을 내 인생이라는 드라마에 출연한 등장인물처럼 대해보세요.

☐ 읽기
☐ 결심하기
☐ 인생 문장

가식 버리기

아무리 장미 흉내를 내고
장미 향수를 뿌려도 가짜는 가짜다.

삶에게 묻지 말고 삶의 물음에 답하라_김영권

　장미만 가득한 세상이라면 과연 얼마나 아름다울까요? 아마도 다양한 꽃을 보는 즐거움은 포기해야 할 테죠. 사람도 마찬가지입니다. 누구나 자기만의 아름다운 향기와 멋을 낼 수 있습니다.

　이제 내가 진짜 어떤 꽃인지를 깨달아야 합니다. 그리고 그 꽃으로 살아가면 되죠. 그러면 꽃이 지고 과실이 맺히듯 나만의 열매를 세상에 내어놓을 수 있습니다.

☐ 읽기
☐ 결심하기
☐ 인생 문장

메뉴를 통일하는 이유

전체는 부분을 합친 것 이상의 의미를 지니고 있다.

동조실험_솔로몬 애쉬

애쉬가 연구한 동조행동은 다수결에 휩쓸리기 쉬운 인간의 특성을 나타내는 것으로, 그다지 환영받을 만한 것은 아닙니다. 그러나 동조에는 긍정적 동조도 존재합니다. 인간은 타인과 터놓을 수 있는 신뢰 관계가 형성되면 행동이나 표정 등이 서로 닮아 가는데, 이것을 반향이라고 합니다.

내가 평소 되고 싶었던 모습이 있다면 그 모습을 가진 사람과 친분을 유지해보세요. 자세 반향의 장점을 효과적으로 사용할 수 있을 것입니다.

☐ 읽기
☐ 결심하기
☐ 인생 문장

도에 이르기

완벽한 비움에 이르러, 고요함을 지키는 것을 독실하게 한다.

노자 잠언록_황천춘 편저

동양에는 크게 두 사상이 있습니다. 하나는 공자 사상이고, 다른 하나는 노자 사상이죠. 공자 사상은 배우라고 합니다. 더 채워야 한다는 의미죠. 노자 사상은 반대입니다. 비우라고 하죠. 덜어내야 한다는 것입니다.

오늘은 인생에서 쓸모없는 것을 채우기 위해 노력하고 있는 것은 아닌지 생각해 보세요. 오늘만은 비울 때입니다.

DAY
296

☐ 읽기
☐ 결심하기
☐ 인생 문장

인간관계론

사람들은 보통 '내 생각에는'이라는 말로 대화를 시작하지만
상대방은 '또 잘난 체한다.'라는 식으로 생각한다.

찬스를 만드는 만남의 기술 15_레스 기블린

다른 사람의 마음을 얻기 위해서는 내 생각만 말해서는 안 됩니다. 다른 사람이 좋아할 생각을 말해야 하죠. 이 말을 다른 사람의 비위를 맞추라는 것으로 오해할 수도 있지만, 그것보다는 상대방을 존중하고 상대방이 원하는 바를 해주라는 것입니다.

누군가가 비난, 비평, 불평하는 것을 좋아할 사람은 아무도 없습니다. 오늘은 상대방을 관찰하며 원하는 바가 무엇인지 파악하는 능력을 길러보세요.

☐ 읽기
☐ 결심하기
☐ 인생 문장

DAY 297

주어진 삶에 적응하라

능동적으로 상대방에게 적응하는 태도를 갖추면
좋은 관계를 갖게 될 수 있을 것이다.

위대함의 법칙_빌 게이츠 외

빌 게이츠는 모 회사에서 암호표도 주지 않곤 기밀문서를 읽으라고 시키자 그 자리에서 문서의 암호를 깨 버리는 바람에 강제 퇴직을 당한 전적이 있습니다. 그러나 굴하지 않고 퇴직금으로 앨런과 함께 회사를 차려 지금의 마이크로소프트를 만들어냈죠.

오늘은 회사에서 해고되자 아예 본인 회사를 세워버린 빌 게이츠처럼 능동적으로 적응하는 태도를 갖춰보세요. MS 공동 창업자 앨런처럼 좋은 관계가 되어줄 사람 또한 저절로 따라올 것입니다.

☐ 읽기
☐ 결심하기
☐ 인생 문장

현실의 행복 설계하기

미래의 행복을 미리 알아내는 좋은 방법은,
그 과정을 겪은 사람에게 직접 물어보는 것이다.

행복에 걸려 비틀거리다_대니얼 길버트

대니얼 길버트는 살아 있다면 가장 행복하게 누려야 할 순간은 바로 지금이라고 말합니다. 어떻게 될지도 모를 미래 때문에 현재에 고통받지 마세요.

혹시라도 미래 때문에 너무 불안하다면 그 과정을 겪은 사람에게 직접 물어보는 것도 좋은 방법입니다. 오늘은 나와 비슷한 길을 걷고 있는 사람에게 연락하여 조언을 구해보세요.

☐ 읽기
☐ 결심하기
☐ 인생 문장

인간의 도리

군자는 몸을 닦지 않을 수 없고,
몸을 닦으려고 생각하면 부모를 섬기지 않을 수 없다.

대학·중용_주희

　동양에서는 효의 가치를 중시합니다. 예를 들어 「대학」과
「중용」은 군자는 부모를 섬기지 않을 수 없다고 가르칩니다.
어린이들을 위한 기초 교본이라고 할 수 있는 「사자소학」에
서도 효를 중요하게 가르치죠.

　효는 아이나 어른이나 중요하게 지켜야 할 덕목임이 분명
합니다. 오늘은 부모님이나 나를 이끌어주신 감사한 분께 연
락해보세요.

DAY
300

☐ 읽기
☐ 결심하기
☐ 인생 문장

무소유의 인연

함부로 인연을 맺지 마라.

무소유_법정

인연을 대할 때도 무소유 정신이 필요합니다. 불필요한 관계를 끊어내는 것입니다. 가장 바람직한 것은 인연에 연연하지 않고 모든 이에게 자비를 베푸는 태도이죠.

불필요한 인연을 정리하고, 가벼워진 마음으로 홀로 숲을 거닐다 보면 어느새 행복이 선선한 바람처럼 찾아오기 마련입니다. 오늘은 외롭다고 아무나 만나기보다는 혼자 사색하며 걸어보세요.

DAY
301

☐ 읽기
☐ 결심하기
☐ 인생 문장

당신을 비판하는 사람들

당신이 일을 잘못 처리하고 있는데 아무도 당신에게
한마디 해줄 생각조차 안 한다면, 무언가 잘못된 것이다.

마지막 강의_랜디 포시

들고 싶지 않은 소리일지라도, 당신을 비판하는 사람들이
야말로 대부분 당신을 진정 사랑하고 아끼는 사람들이며 당
신을 좀 더 발전시키고 싶은 마음을 가지고 있습니다.

성공하는 사람이 되고 싶다면 오늘부터는 내게 적절한 비
판을 해주는 사람을 곁에 두세요.

□ 읽기
□ 결심하기
□ 인생 문장

천재 과학자의 사고

나는 상상력을 자유롭게 이용하는 데 부족함이 없는 예술가다.
지식보다 중요한 것은 상상력이다.

나는 세상을 어떻게 보는가_알버트 아인슈타인

아인슈타인의 연구들은 산업 전반과 병기공학, 광학, 군사 전술, 원자력 발전과 같은 현대인의 삶과 밀접한 분야들의 핵심이 되었고, 그의 이론으로 탄생한 핵무기를 포함한 다양한 발명품들은 국가 간의 외교 전략을 완전히 바꾸었습니다.

천재의 대명사로 불리는 아인슈타인의 말처럼 오늘은 갖고 있던 '지식'에 무한한 '상상력'을 더해보세요. 사람들의 삶을 바꿀 만한 무언가를 만들 수 있을지도 모릅니다.

☐ 읽기
☐ 결심하기
☐ 인생 문장

할 수 있는 가장 쉬운 일부터

큰일을 할 사람은 가장 쉽게 할 수 있는 일부터 시작하고
그 일이 어떻게 발전할지 예측하고 계획을 세운다.

권력이 묻거든 모략으로 답하라_장거정

일이란 것은 그다지 어려운 것은 아닐지도 모릅니다. 자신
이 할 수 있는 가장 쉬운 일부터 시작해 어려운 일로 발전해
나간다면 훨씬 일이 잘 풀릴 테니까요. 이는 누구나 알고 있
는 내용이지만 실천하기 쉽지 않습니다.

그러니 오늘은 쉬운 일부터 차근차근 계획을 세워 진행해
보세요. 하루의 일을 무사히 마칠 수 있을 것입니다.

DAY
304

☐ 읽기
☐ 결심하기
☐ 인생 문장

자기 놓아보기

오늘은 조금이나마 자기를 놓아 보내기로 하자.

나를 사랑하는 기술_드류 레더

자신을 진정으로 위하는 사람은 남도 위할 줄 아는 사람입니다. 진정으로 자신을 사랑하고 존중하는 사람은 다른 사람에게도 그렇게 대하게 됩니다. 많이 주는 사람이 많이 받는다는 것을 잘 알기 때문이죠.

오늘은 자신을 놓고 그 위에 남을 올려놓아 보세요.

☐ 읽기
☐ 결심하기
☐ 인생 문장

실수 인정

*내가 부자인 이유는 단지 내가 잘못했을 때 알았기 때문이다.
나는 실수를 인지함으로써 살아남을 수 있었다.*

소로스 투자 특강_조지 소로스

투자의 귀재 조지 소로스는 제3세계 국가의 빈민이나 민주화 운동가를 정치적 수단으로 삼기 위해 돕는 행보 때문에 사악한 구세주라는 별명을 얻기도 했습니다. 그러나 그가 평소에 검소한 생활을 하며 자선 사업에 막대한 투자를 했던 것은 변함없는 사실이죠.

과거의 실수를 인지하고 삶의 태도를 바꾼 조지 소로스처럼, 오늘은 과거의 실수를 인정하고 더 나은 방향으로 나아갈 수 있도록 노력해 보세요.

DAY
306

☐ 읽기
☐ 결심하기
☐ 인생 문장

진정한 독서란

진정한 독서인은 공부를 위한 독서나 출세를 위한 공부를 하지 않았다.
독서가 공부요, 공부가 곧 독서였다.

현자들의 평생 공부법_김영수

    요즘은 독서가 수단화되는 것 같아서 안타깝습니다. 진정한 독서란 자기 수양과 공부를 위한 독서가 되어야 할 것입니다. 독서가 출세의 도구가 된다면 그것은 독서의 본뜻을 해한다고 볼 수 있죠.

    오늘은 자기 수양과 공부를 위한 진정한 독서에 도전해 보세요.

☐ 읽기
☐ 결심하기
☐ 인생 문장

죽도록 괴롭습니까

역경 앞에서 실력을 발휘할 수 있는가,
여기에서 진정한 차이가 드러난다.

운명은 없다_주리

진짜 실력은 힘들 때 드러납니다. 어려운 시험에서 그 실력 차이가 두드러지듯이 세상일도 마찬가지입니다. 그럴 때를 대비해서 평소에 힘을 길러두어야겠습니다.

성공은 기술이나 지식을 쌓는 것보다 개인의 의지가 더 중요합니다. 죽도록 괴로운가요? 오늘이야말로 노력할 기회입니다. 하늘은 노력하는 자에게 그 열매를 베푸니까요.

☐ 읽기
☐ 결심하기
☐ 인생 문장

질문을 해 보세요

대화를 나눌 때는 생각을 하지 말고
상대방에게 온전히 귀를 기울여야 한다.

정청, 내 사람을 만드는 최고의 기술_강일수

　　대화는 항상 의도한 대로 이루어지지만은 않습니다. 말하는 사람이 '들었을 것이라고 생각하는 것'과 듣는 사람이 '들었다고 생각하는 것'에는 차이가 발생하기 때문이죠.

　　100퍼센트 주의를 기울여 말을 들어도 100퍼센트 정확하게 이해할 수 없는 것이 사람의 말입니다. 오늘은 듣는 것을 잠시 멈추고 제대로 이해했는지 꼭 질문을 해 보세요. 경청과 질문은 다른 사람을 이해하는 최고의 기술입니다.

DAY
309

☐ 읽기
☐ 결심하기
☐ 인생 문장

왜 부자가 되어야 하는가

우리는 거대한 부를 이루고 부자가 되기 위해서 노력하기
이전에 먼저 투철한 철학과 신념으로 무장해야 합니다.

39세 100억 젊은 부자의 믿음_이진우

우리는 막연히 부자가 되기를 원합니다. 그리고 이루어지
지 않는다고 실망합니다. 하지만 부자가 되려고 하기 전에 어
떻게 그 재산을 사용할 것인가에 대한 고민이 필요합니다. 그
것이 없다면 부를 이루어도 그것은 무용지물이 될 테죠.

오늘은 한번 자신의 믿음에 대한 재점검이 필요한 날입
니다.

DAY
310

☐ 읽기
☐ 결심하기
☐ 인생 문장

나누어주는 여유

풍요가 막힘 없이 흐르도록 통로를 열어놓기 위해,
당신에게 남아도는 것들을 다른 사람에게 넘겨라.

다짐, 나를 위한 행복한 구속_데이비드 사이먼

　　한동안 사용하지 않았으며 앞으로도 쓸 일이 없을 것 같은 물건들을 한데 모아보세요. 그리고 당신에게 별 효용이 없는 물건들은 자선단체에 기증하세요. 그것들이 다른 사람들의 인생에 가치를 더해줄 수도 있습니다. 자신에게는 필요 없지만 절실하게 필요로 하는 사람이 분명히 있어서 그렇습니다.

　　오늘은 물건을 기부함으로써 다른 사람에게 나누어주는 여유를 가지면 좋겠습니다.

□ 읽기
□ 결심하기
□ 인생 문장

양면적인 존재

인간은 위대한 존재인 동시에 보잘것없이 작은 존재임을
동시에 아는 것이 인간의 본성을 아는 것이다.

팡세_블레즈 파스칼

우리는 양면적인 존재입니다. 어느 때는 한없이 위대한 존재로 비치다가도 어느 때는 금수보다 못한 보잘것없는 존재로 보이기도 합니다. 어느 쪽을 선택할지는 자신이 결정해야 할 문제인 것 같습니다. 미래에 위대한 인물로 남을지 보잘것없는 인물로 남을지 말입니다. 그러려면 인간이라는 존재의 본성을 고찰하는 시간이 필요합니다. 인간에 대한 이해는 나라는 사람을 아는 것으로부터 시작됩니다.

오늘은 자신의 마음을 바라보는 사유를 하면 어떨까요.

☐ 읽기
☐ 결심하기
☐ 인생 문장

오르막 오르기

인생에서 가치 있는 것, 우리가 소망하고 이루고 싶은 것,
우리가 누리고자 하는 것은 모두 오르막에 있습니다.

다시, 일어서다_최용규

　좀 더 나은 삶을 원하고 좋은 결과를 원한다면 당연히 힘
들어야 하고, 고되고 때로는 험난하고 가혹한 오르막길을 걸
어야 하지 않을까요?

　굳어진 습관대로 사는 것은 매우 편하고 쉬운 내리막을
걷는 것과 같습니다. 내리막길에선 우리가 원하고 바라는 것
을 만날 수가 없죠. 내가 지금 사는 것이 힘이 들지 않는다면
어떤 길을 걷고 있는지 살펴보세요.

☐ 읽기
☐ 결심하기
☐ 인생 문장

진정으로 원하는 것

자아의 신화를 이루어내는 것이야말로 이 세상 모든 사람에게
부과된 유일한 의무지. 세상 만물은 모두 한 가지라네.

연금술사_파울로 코엘료

〈연금술사〉는 파울로 코엘료를 세계적인 작가로 만들어 준 소설입니다. 자아의 신화를 찾아 떠나는 어느 양치기의 이야기가 35개 이상의 언어로 번역되고, 세계적으로 1천만 부 이상 팔리며 감동을 선사하였죠.

아랍의 전래동화를 바탕으로 '꿈을 찾아 떠나는 인물'의 신화를 보여주는 이 작품을 읽고 자신이 진정으로 원하는 것이 무엇이고 또 삶의 의미는 무엇인지 끊임없이 질문을 던져보세요.

☐ 읽기
☐ 결심하기
☐ 인생 문장

차라리 곰처럼

성공하려면은 둔감해야 한다.

둔감력 수업_와타나베 준이치

회사에 다니는 직장인이 너무 예민해 상사의 표정이나 말에 쉽게 반응한다면 회사를 계속 다니기는 어려울 거예요. 차라리 곰처럼 둔해서 다른 사람에게 신경을 덜 쓰고 일에 집중한다면 일의 성과도 오르고 사람 간의 관계도 좋아져서 성공할 수 있을 것입니다.

성공하고 싶다면 오늘부터는 조금 둔감해져 보세요. 평소 거슬렸던 것들이 괜찮아지며 일의 능률도 오를 테니까요.

☐ 읽기
☐ 결심하기
☐ 인생 문장

그물에서 탈출하기

이혼도 원하지 않을 때는 큰 아픔이 되지만,
원하는 사람에게는 해방을 뜻한다.

의식 혁명_데이비드 호킨스

　정신적인 스트레스란 우리에게 주어진 조건에 저항하거나 도피하고자 함으로써 스스로 그물에 가두는 데서 생겨나는 것일 뿐입니다. 영향을 주는 것은 그 사건에 대한 우리의 반응과 태도이죠.

　우리는 환경의 지배를 받는 입장이 아니라 반대로 지배하는 위치에 서 있습니다. 그러므로 같은 환경도 우리의 태도에 따라 바뀔 수 있음을 알아야 합니다. 오늘 원하지 않는 무언가를 하게 된다면 오히려 그것을 원했다고 생각해 보세요.

□ 읽기
□ 결심하기
□ 인생 문장

보고 또 본다면

나는 중용을 가장 많이 읽었다. 1천 번 이후로는 숫자를 헤아리지
않았지만, 내 생각에 수천 번을 밑돌지 않을 것이다.

정민 선생님이 들려주는 고전 독서법_정민

우리는 책을 한 번만 읽고 다 알겠다고 합니다. 물론 그런
책도 있습니다. 하지만 주변에 두고 계속 반복해서 읽어야 하
는 책도 있죠. 옛 선조들이 그랬습니다. 좋은 책을 두고두고
계속 반복해서 읽었습니다. 그러자 자연스럽게 머리에 들어
오고 두뇌의 발전이 있었습니다.

오늘부터 좋은 책을 틈틈이 보고 또 보는 습관을 들여보
세요.

☐ 읽기
☐ 결심하기
☐ 인생 문장

성공으로 가는 길

중요한 것은 삶에 대한 진한 애정과 결코 포기하지 않겠다는 열정,
그리고 스스로의 삶을 다시 일으켜 세울 수 있다는 자기 확신이다.

인문의 숲에서 경영을 만나다_정진홍

우리는 흔히 대학만 가면 끝난 것인 줄 압니다. 특히 고등
학생이라면 그렇게 생각하기 쉬울 거예요. 하지만 성공으로
가는 길은 오히려 그것보다도 다른 것에 영향을 받기 쉽습니
다. 정진홍 컬럼니스트는 그것이 바로 삶에 대한 애정과 열
정, 그리고 자신감이라고 말합니다.

자신의 삶을 뜨겁게 살아가고 열정적인 사람은 인생에서
그 무엇을 얻고야 말죠. 오늘부터 삶에 대한 진한 애정과 열
정을 가져보세요.

☐ 읽기
☐ 결심하기
☐ 인생 문장

불필요한 집착에서 벗어나

내가 삶을 즐기게 된 주된 비결은
자신에 대한 집착을 줄였다는 데 있다.

행복의 정복_버트런드 러셀

자신에 대한 집착이란 지나치게 자기 자신에게 몰입하는 것입니다. 그럼으로써 죄의식을 느끼거나 자기도취, 과대망상에 빠지게 되죠. 자기 파괴적인 상태에 이르러 불행해 하는 것입니다.

외부의 대상에 눈을 돌릴 때 생산적인 활동이 가능해집니다. 오늘은 스스로를 향한 불필요한 집착에서 벗어나보세요.

☐ 읽기
☐ 결심하기
☐ 인생 문장

편견 깨기

오만은 자신을 바라보는 관점에서 비롯된 것이고, 허영은 다른
사람들이 자신을 어떻게 봐 주기를 원하는가에서 비롯된 거야.

오만과 편견_제인 오스틴

〈오만과 편견〉의 기본적인 이야기는 상류계급의 재수 없는 신사와 평범한 젠트리 집안의 명랑하고 똑똑한 숙녀가, 서로를 바라보던 왜곡된 시선을 거두고 난관을 이겨내며 결혼에 성공한다는 것입니다.

하지만 이야기보다 중요한 것은 바로 메시지입니다. 오늘은 이 책에 담긴 메시지처럼 자신과 다른 계급, 성별, 환경을 가진 사람에 대한 편견을 버려보세요. 보이지 않았던 모습을 볼 수 있을 것입니다.

□ 읽기
□ 결심하기
□ 인생 문장

행복하지 않은 이유

우리가 실패하는 원인은 대부분 지나치게 많이 생각하기 때문이다.
특히 부정적인 생각이 문제이다.

생각 버리기 연습_코이케 류노스케

우리가 행복하지 않은 이유는 생각이 너무 많기 때문일 것입니다. 생각 대부분은 부정적인 생각이라고 합니다. 그래서 생각이 많으면 행복하기 어렵지요.

때론 생각을 줄이고 평온한 정신 상태를 유지하는 것이 중요합니다. 오늘부터 생각 버리기 연습을 해 봅시다. 그러면 머릿속의 잡념은 사라지고 자신의 목표만이 우리를 움직이게 할 것입니다. 마음 역시 긍정적으로 바뀔 것입니다.

☐ 읽기
☐ 결심하기
☐ 인생 문장

모든 것은 다 지나간다

매 순간 당신의 건강은 당신의 의식에서 흘러나오는
긍정적 · 부정적인 충동의 합과 같다.

마음의 기적_디팩 초프라

사람들은 흔히 외부 세계를 있는 그대로 본다고 착각하고 있습니다. 하지만 보이지 않는 것을 볼 수도 있고 보이는 것을 보지 않을 수도 있습니다. 즉 보려고 하는 세계만 보는 것이죠. 우리의 생각을 긍정적으로 변화시킬 때 세계도 변하고 타인도 변합니다. 실상은 그대로인데 우리 눈에는 모두 긍정적으로 보이게 되는 것이죠.

건강해지고 싶나요? 그렇다면 오늘부터 긍정적인 충동을 생활화해보세요.

☐ 읽기
☐ 결심하기
☐ 인생 문장

세상을 바꾸는 내성적인 사람

모든 인생은 혼자 떠나는 여행이다. 혼자 떠날 수 있어야만
외로움과 쓸쓸함을 당당하게 견디어 나갈 수 있다.

혼자 사는 즐거움_사라 밴 브레스닉

네트워크, 사회적 관계, 인맥 만들기에만 너무 몰두하면
정작 중요한 것들을 잃어버리게 됩니다.

세상은 외향적인 사람을 늘 선호하지만 정작 세상을 바
꾸는 것은 내성적인 사람인 경우가 많습니다. 세상은 소수
의 내성적인 사람이 바꾸고 고독은 창의성의 열쇠입니다. 오
늘은 내 안의 내향성을 이용하여 창조적인 무언가를 만들어
보세요.

☐ 읽기
☐ 결심하기
☐ 인생 문장

예의나 음악보다도 소중한 것

사람이 되어서 인하지 못하다면 예의를 지킨들 무엇하겠는가?
사람이 되어서 인하지 못하다면 음악을 한들 무엇하겠는가?

논어_공자

공자가 가르친 것은 바로 인(仁)이었습니다. 그것은 무엇일까요? 바로 사랑입니다.

공자는 신도 신의 아들도 아니었지만, 인간을 사랑하는 사람 중의 하나였습니다. 그래서 사람이 가장 해야 할 중요한 것을 인이라고 여겼던 것입니다. 그것은 예의나 음악보다도 소중한 것입니다. 오늘은 내가 인의 덕목을 잘 실천하며 살아가고 있는지 천천히 살펴보세요.

☐ 읽기
☐ 결심하기
☐ 인생 문장

멘토 친구

좋은 친구들과 함께 인생을 살아간다면, 그대가 일어날 수 없을 때
누군가 반드시 그곳에서 그대를 도와줄 것이다.

프렌즈: 영원한 멘토, 나의 친구_존 맥스웰

세상에서 가장 소중한 사람은 나를 있는 그대로 받아주는 사람입니다. 서로를 있는 그대로 보고 나의 마음대로 하려고 하지 않는 것입니다.

10년을 사귄 친구와는 눈빛만으로도 서로 무슨 생각을 하고 있는지 알 수 있다고 했습니다. 만약 10년 친구가 없다면, 그런 친구를 만들기 위해 오늘부터는 내가 먼저 노력해야겠습니다.

☐ 읽기
☐ 결심하기
☐ 인생 문장

마음의 끈 놓기

좋아한 만큼 믿고, 바란 만큼 괴롭다.

바라는 것이 없으면 괴로울 일이 없다_묘원

좋아하는 사람이 있다고 해서 좋기만 한 것은 아닙니다. 어떤 때는 미운 감정도 들죠. 왜냐하면, 감각적 욕망은 끝이 없는 것이기 때문이죠.

오늘은 좋아하고 바라는 마음의 끈을 놓을 필요가 있습니다. 그렇다면 알게 될 거예요. 진정한 자유는 자신에게 있다는 것을 말입니다.

☐ 읽기
☐ 결심하기
☐ 인생 문장

현재를 잡아라

기억하라. 어제는 영원히 가버렸다.
내일은 오지 않을지도 모른다.

놓치고 싶지 않은 나의 꿈 나의 인생_나폴레온 힐

과거에 머물고 미래를 꿈꾸기만 하면 안 됩니다. 과거의 추억만 생각하면 그립기만 합니다. 미래의 꿈만 꾸고 있으면 몽상가가 되기 쉽습니다.

우리는 오늘 당장 할 일을 해야 합니다. 영화 '죽은 시인의 사회'의 키팅 선생님은 "현재를 잡아라."라고 말하죠. 오늘 하루 현재를 붙잡으세요.

DAY
327

☐ 읽기
☐ 결심하기
☐ 인생 문장

당장은 괴로워도

20년이 지나면 했던 일보다 하지 않았던 일들을 후회하게 된다.

돈의 심리학_개리 벨스키·토마스 길로비치

길게 보았을 때, 곧 인생을 다하는 시점에서 사람들은 무언가를 하지 않았다는 것을 가장 많이 후회한다고 합니다. 지금 무언가를 시도해서 실패한다면 실망하고 좌절하고 후회할 수 있습니다. 당장은 괴로워도 실패의 후회를 견뎌낼 때 더 큰 후회를 하지 않게 될 것입니다.

혹시 후회의 두려움으로 아무것도 하지 않고 있나요? 나중에 후회하지 않으려면 지금 바로 무언가를 하세요.

☐ 읽기
☐ 결심하기
☐ 인생 문장

언어의 선택

우리의 말에는 창조의 능력이 있다.
우리의 말은 그대로 이루어지는 힘이 있다.

최고의 삶_조엘 오스틴

말은 중요합니다. 아마 생각보다 훨씬 중요할 것입니다. 속담에는 "말 한마디로 천 냥 빚을 갚는다."라는 말도 있습니다. 말에는 생명력이 있어 우리가 내뱉은 말은 그대로 현실이 되기도 합니다.

그렇다면 우리는 어떤 말을 선택해야 할까요? 오늘은 부정 대신 긍정의 언어를 선택해보세요. 모두에게 힘을 주는 긍정의 말을 하다 보면 절로 삶이 행복해질 것입니다.

☐ 읽기
☐ 결심하기
☐ 인생 문장

소처럼 뚜벅뚜벅

재주보다는 우둔한 끈기가 필요합니다.

책벌레 선생님의 행복한 독서토론_권일한

　우리는 재주가 중요하다고 생각합니다. 하지만 의외로 길게 놓고 보자면 재주가 뛰어났던 친구보다도 우둔한 끈기를 보였던 친구가 나은 경우도 많습니다. 그것은 재주가 전부는 아니라는 이야기이기도 하죠. 오히려 소처럼 뚜벅뚜벅 걸어가는 친구가 목적지에 닿는 경우도 많이 봅니다.

　오늘은 재주가 없다고 절망하지 말고 한 걸음씩 나아가는 지혜를 가져보세요.

☐ 읽기
☐ 결심하기
☐ 인생 문장

인생의 절대법칙

노력 끝에 얻는 성취야말로 그 결과가 아름답다.

정진_지광

우리는 성취만을 바랍니다. 그에 도달하는 과정을 생각하지 않고 결과만 좋기를 바랍니다. 그래서 부정 입학과 같은 일이 일어나기도 하고요. 모두 욕심이 과한 탓입니다. 세상은 노력한 만큼 사람들에게 주어집니다. 그것은 한 치 오차도 없이 정확합니다.

오늘부터는 무작정 성취를 바라지 말고 먼저 노력하는 자세를 가지길 바랍니다.

☐ 읽기
☐ 결심하기
☐ 인생 문장

인생이라는 버스 점검하기

버스에 타지 않은 사람들에게 에너지를 낭비하지 말라.

에너지 버스_존 고든

살면서 중요한 것 중 하나는 인간관계입니다. 자신을 비판하거나 무관심한 사람에게 에너지를 낭비할 필요는 없습니다. 그런 사람은 자신이 운전하는 버스에 태울 필요가 없는 것이죠.

사람을 잘 판단하여 버스에 태울지 안 태울지 결정하는 것은 중요한 일입니다. 오늘은 내 버스에 누가 타고 있는지, 무임승차한 사람이 있지 않은지 점검해보세요.

☐ 읽기
☐ 결심하기
☐ 인생 문장

나를 비우기

'할 수 없다'는 생각이 '해낼 수 있다'는 믿음을 압도하고
리드하는 일보다 더 슬픈 게 있을까?

나비의 꿈_박성혁

크고 원대한 일을 하기로 결심하면 하늘도 함께 움직인다고 합니다. 론다 번의 〈시크릿〉에 의해 널리 알려진 '끌어당김의 법칙'이 그것입니다. 하지만 그런 능력과 자원으로 나를 채우기 위해서는 우선 내가 비어 있어야 합니다.

오늘은 모든 의심과 두려움, 과거에 대한 집착 따위를 떨쳐내고 나를 철저하게 비워야 합니다. 모든 결단에 늦었을 때는 없습니다. 결단과 동시에 지금까지는 없었던 새로운 능력이 생길 테니까요.

DAY
333

☐ 읽기
☐ 결심하기
☐ 인생 문장

내게 맞는 땅

스스로를 성공할 수 있는 위치에 배정하는 것이 무엇보다 중요하다.
그래야만 성공할 수 있다.

사자도 굶어 죽는다_서광원

같은 씨앗이라도 양질의 땅에 뿌려지고 햇빛을 잘 받고 물이 충분하다면 잘 성장할 것입니다. 하지만 모래밭이나 자갈밭에 뿌려진다면 제대로 뿌리를 내리지 못하고 썩거나 말라 죽을 것입니다.

바위에 뿌리를 내리는 나무도 있지만 극소수에 불과합니다. 극소수의 경우가 아니라면 안전하게 뿌리를 내릴 수 있는 곳을 찾아야 합니다. 오늘은 나에게 맞는 땅이 과연 어디인지 심도 있게 고민해 보세요.

☐ 읽기
☐ 결심하기
☐ 인생 문장

샴쌍둥이의 머리

미워하고 있으면서 사랑하는 까닭은 어이 된 일이냐고 의아해하겠지만
아무 까닭도 없이 이렇게 된 것은 어찌할 수 없는 운명이 아니라오.

사랑과 미움_카툴루스

미움과 사랑은 샴쌍둥이의 머리와 같습니다. 언제나 둘이 함께 붙어 다니기 때문이죠. 그래서 한 인간을 사랑할 때 우리는 그 사람을 미워하고 또 미워하는 사람을 사랑하기도 합니다.

오늘부터는 미움의 감정을 가질 때 마음을 바꾸려고 노력하고 사랑하는 감정을 가질 때 그 감정을 더 발전시키기 위해 노력해 보세요. 사랑의 신비는 바로 그것에 있기 때문이죠.

DAY 335

☐ 읽기
☐ 결심하기
☐ 인생 문장

더 깊은 사랑의 참맛

나는 사랑에 빠져 있으면서도 사랑이 무엇인지 모르노라.
망설임으로 머뭇거리면서도 망설일 줄 또한 모르노라.

사랑_아나크레온

많은 사람이 사랑에 빠져 있으면서도 사랑이 무엇인지 잘
모릅니다. 그래서 사랑이 무엇인지 알아보고자 책을 보거나
영화를 보기도 하죠. 그렇게 방황하는 과정에서 우리는 차
츰 사랑에 대해 배우게 됩니다. 그리고 그것의 아름다움을
예찬하기도 합니다.

오늘은 내가 생각하는 사랑이란 무엇인지 곰곰이 생각해
보세요.

☐ 읽기
☐ 결심하기
☐ 인생 문장

손을 내밀어준 사람

언제가 그대가 한없이 괴로움 속을 헤매일 때에
오랫동안 전해 오던 그 사소함으로 그대를 불러보노라.

즐거운 편지_황동규

　　인생을 살아가는 도중에 한없는 괴로움 속에서 헤맬 때가 있습니다. 그럴 때 도움이 되는 것은 한없는 괴로움에 빠진 나를 알아보고 구원의 손길을 내미는 사람입니다. 그래서 그런 경험을 한 사람은 사람을 소중하게 생각하게 됩니다.

　　오늘은 내가 괴로울 때 손을 내밀어준 사람에게 안부 문자를 보내보세요.

☐ 읽기
☐ 결심하기
☐ 인생 문장

세상을 살아간다는 증거

내가 만약 사랑이 어떤 것인지를 알게 된다면
그것은 오직 그대 때문입니다.

헤세, 사랑이 지나간 순간들_헤르만 헤세

우리는 보통 사랑을 인간을 통해 배웁니다. 절대자에 대한 사랑과 같은 더 큰 사랑도 있겠지만 우리 사랑의 대부분은 사람과 사람 사이에서 주고받는 것들입니다.

한 인간을 통해 여러 가지 감정을 느끼지만 가장 위대한 것은 사랑한다는 감정일 것입니다. 그것은 우리가 단지 유전자의 꼭두각시가 아니라 한 인간으로 세상을 살아간다는 증거입니다. 오늘 나는 누구를 사랑하고 있나요?

☐ 읽기
☐ 결심하기
☐ 인생 문장

배를 만드는 일

반드시 밀물은 오리라, 그날 나는 바다로 나아가리라.

무지개 원리_차동엽

우리 인생은 나쁜 길만 있는 것은 아닙니다. 끝까지 희망과 꿈을 포기하지 않은 이들에게는 반드시 밀물이 올 것입니다.

오늘 우리에게 필요한 것은 무엇일까요? 그날이 올 때 제대로 밀물을 타기 위한 준비일 것입니다. 그것은 바로 배를 만드는 일입니다. 평소에 꿈의 배를 만들어 놓은 사람은 밀물을 타고 먼 바다까지 항해를 할 것입니다.

☐ 읽기
☐ 결심하기
☐ 인생 문장

물은 낮은 데로 고인다

좋은 사람이 없다고 한탄만 할 일이 아니다. 신용이 있는 사람들과
사람을 대접할 줄 아는 사람에게 사람들이 몰려들게 되어 있다.

사람에게서 구하라_구본형

　물은 낮은 데로 고입니다. 자기를 낮추는 겸손한 사람에
게 사람이 모여들고 거만한 사람에게서는 사람이 떠나가죠.
겸손한 사람은 다른 사람들을 극진하게 대합니다. 결코 무시
하거나 홀대하지 않지요. 그런 대접을 받는 상대방은 자연스
럽게 그 사람을 좋아하게 될 것입니다.

　오늘은 상대에게 겸손한 태도를 보여보세요. 상대는 분명
나를 좋게 생각할 것입니다.

☐ 읽기
☐ 결심하기
☐ 인생 문장

Who am I?

경쟁이란 단순히 경주에서 상대를 이기는 걸 의미하는 것이 아니다.
경쟁의 진정한 의미는 내가 누구인가를 발견하라는 것이다.

1250℃ 최고의 나를 만나라_김범진

경쟁에 관한 최고의 명언은 "지피지기 백전백승(知彼知己百戰百勝)"이 아닐까요? 나와 상대방의 전략을 정확하게 파악하면 누가 이길지 알 수 있습니다.

나와 상대방과의 비교우위가 분명하여 내가 질 것이 뻔한데 왜 싸우나요? 이길 싸움만 하면 되니 승률은 당연히 전승입니다. 그러기 위해 오늘은 내가 누구인가를 짧은 문장으로 정리해보세요.

DAY
341

☐ 읽기
☐ 결심하기
☐ 인생 문장

생의 마지막에 이르러

죽음을 앞둔 사람들이 많이 하는 후회는
"인생을 그렇게 심각하게 살지 않았어야 하는 건데." 하는 것입니다.

인생 수업_엘리자베스 퀴블러 로스

윗글의 저자들은 수십 년 동안 임종을 앞둔 환자들과 상담하면서 단 한 번도 일주일에 하루 정도는 더 일했어야 한다거나 근무시간이 8시간이 아니라 9시간이었다면 행복했을 거라고 이야기하는 사람을 만나지 못했다고 합니다. 생의 마지막에 이르러 놀이의 중요성을 깨닫는다는 것이죠.

오늘은 놀이도 자기계발의 일종이라고 생각하고 신나게 놀아보세요.

☐ 읽기
☐ 결심하기
☐ 인생 문장

사람을 만나야 기회가 온다

갑자기 처지가 어려워졌다면,
더 많은 사람을 만나야 한다.

10미터만 더 뛰어봐_김영식

　우리는 사정이 안 좋을 때 자신만의 세계에 숨기 쉽습니다. 그편이 안전하고 사람들의 공격에 상처받지 않는 방법이기 때문입니다. 하지만 그렇게만 한다면 발전은 없습니다.

　이는 전 식품회사 대표 김영식, 그리고 미국의 도널드 트럼프가 직접 경험하여 증명한 사실이기도 합니다. 사람을 만나야 기회가 옵니다. 오늘은 주저 말고 더 많은 사람을 만나보세요.

DAY 343

☐ 읽기
☐ 결심하기
☐ 인생 문장

미래를 위한 투자

성공한 미국인들은 젊었을 때 투자를 시작했다. 투자를 시작한 나이는
평균 24살이고 그들 중 10퍼센트는 18살이 되기 전에 시작했다.

그들은 어떻게 부자가 되었을까_릭 에들먼

젊어서 재무설계를 시작해서 계획에 따라 꾸준히 지속하는 것이 부자가 되는 가장 좋은 방법입니다. '복리의 마술' 때문이죠. 저축에 대한 이자에 이자가 붙고, 투자수익에 투자수익이 계속 붙어가기 때문에 재무활동이 5년, 10년을 넘어갈수록 자산은 기하급수적으로 늘어납니다.

그런 장기적인 이익을 위해서 무조건 일찍 시작해야 합니다. 적금, 주식 무엇이든 좋습니다. 오늘은 소액이라도 좋으니 미래를 위해 투자해보세요.

DAY
344

☐ 읽기
☐ 결심하기
☐ 인생 문장

일을 취미생활처럼

일이 곧 취미라고 생각하면 문제는 간단히 해결된다.

리더의 그릇_나카시마 다카시

우리는 일과 취미생활을 나누려고 합니다. 그래서 일을 한 다음에는 자신의 취미를 즐기려고 하죠. 하지만 이와는 다른 사람이 있습니다. 일을 취미생활이라고 생각하는 사람이 그렇습니다.

일을 취미생활처럼 즐기는 사람을 다른 사람이 이기기는 힘들 것입니다. 그것은 또한 스트레스를 역으로 해결하는 방법이기도 합니다. 오늘부터는 일을 돈 받고 하는 취미라고 생각해 보세요.

☐ 읽기
☐ 결심하기
☐ 인생 문장

우리에게 꿈이 없다면

당신은 스스로 꿈꾸는 것만 얻을 수 있다.

이지성의 꿈꾸는 다락방_이지성

우리에게 꿈이 없다면 우리의 영혼은 한결 어둡지 않을까요. 우리의 현실도 역시 꿈이 없다면 시든 꽃잎처럼 떨어질 수도 있죠. 그래서 꿈을 가지는 것은 소중한 것입니다.

오늘 당장 꿈을 꾸세요. 그리고 그 꿈의 성취를 위해 노력하세요. 당신의 인생을 밝게 만드는 길입니다.

☐ 읽기
☐ 결심하기
☐ 인생 문장

영원한 승자는 없다

정답은 없다. 따라서 영원한 성공이나 실패 또한 없다.

동사형 인간_전옥표

세상살이에 영원한 승리나 패배는 없습니다. 동전의 앞뒤 같이 그것은 교차하기를 반복하죠. 그래서 실패하더라도 다시 마음을 잡고 노력하면 성공할 수도 있습니다. 반대로 승리했더라도 마음이 해이해진다면 패배할 수도 있는 것입니다.

오늘은 영원한 승자는 없다는 마음가짐으로 하루를 견뎌보세요.

☐ 읽기
☐ 결심하기
☐ 인생 문장

DAY 347

균형 맞추기

삶이 없는 책 읽기는 무용하고 책 읽기 없는 삶은 맹목적이다.

안상헌의 생산적 책 읽기_안상헌

인생을 살지 않고 책만 보는 사람은 몽상가가 되기 쉽습니다. 그렇다고 책을 보지 않는 인생은 맹목적으로 될 가능성이 커지죠. 우리는 실제 삶과 책 읽기에서 균형을 이루어야 합니다. 그것은 모든 독서인이 지켜야 할 규칙이 아닐까요?

오늘은 책과 삶의 균형을 맞추는 데 심혈을 기울여 보세요. 책 읽기와 삶을 조화롭게 가꾸는 사람은 다른 사람보다 값진 인생을 살게 될 것입니다.

☐ 읽기
☐ 결심하기
☐ 인생 문장

고원현상이 일어날 때

실력은 증가-정체 증가를 반복하며 향상된다.
이를 전문용어로 고원현상이라고 한다.

1등을 만드는 읽기 혁명_김창환

열심히 노력해도 상태가 변하지 않는 것을 고원현상이라고 합니다. 많은 사람이 고원현상이 일어날 때 포기하지만 열심히 계속 노력하는 사람은 언젠가 실력이 증가할 것을 알고 포기하지 않습니다.

이를 본받아 우리도 오늘부터는 포기하지 않고 꾸준히 나아가면 좋겠습니다.

☐ 읽기
☐ 결심하기
☐ 인생 문장

실력 발전의 길

성공하려면 반복된 생활을 계속하면 된다.

1만 페이지 독서력_윤성화

    사람들은 반복을 싫어합니다. 왜냐하면, 반복하기는 지겹기 때문이죠. 하지만 자신의 실력을 향상하려고 생각하는 사람은 반복을 좋아해야 합니다. 왜냐하면, 실력 발전의 길은 반복 훈련밖에 없기 때문입니다.

    반복 훈련할 때 우리는 실수가 줄어들고 완벽해지게 됩니다. 그 성과를 누릴 수 있는 것이죠. 오늘은 반복된 생활이 지겹더라도 힘을 내어 완수해 보세요.

DAY
350

마녀들의 삶과 진실

이젠 의미 없어, 남들이 정한 규칙들. 난 깨어나 버렸고
돌아가긴 늦었어. 중력을 벗어나 하늘 높이 날개를 펼 거야.

방구석 뮤지컬_이서희

　　초록 피부의 엘파바가 남들과 모습이 다르다는 이유로 마
녀로 몰리며 억압당하는 모습은 우리 사회의 모습을 돌아보
게 만들기도 합니다. 하지만 억울한 상황에서도 엘파바는 기
죽지 않고 자신만의 자유를 찾아 떠나죠.

　　오늘은 오즈의 마법사 속 엘파바처럼 당당한 태도로 나
를 억누르는 규칙을 벗어나 보세요.

☐ 읽기
☐ 결심하기
☐ 인생 문장

낙원에서나 가능한 일

몰리나, 난 현재의 순간을 즐기는 것에 동의할 수 없어.
그건 지상의 낙원에서나 가능한 일이야.

거미여인의 키스 _ 마누엘 푸익

　이 소설은 국가권력과 사회적 관습에 의해 자신의 정체성을 억압당하는 인물들의 이야기를 풀어놓으며 자연스럽게 당시의 폭력적인 사회상을 고발합니다.

　사랑에 관한 무수한 편견을 부순 뒤 자유를 찾아 떠난 인물들처럼 오늘은 누군가를 사랑하는 마음을 통해 지상을 낙원으로 바꾸어보세요.

DAY
352

☐ 읽기
☐ 결심하기
☐ 인생 문장

사회를 한결 아름답게

유토피아 사람들은 선행을 하고 바른 삶을 살아가려는
양심을 쾌락의 으뜸으로 생각합니다.

유토피아_토머스 모어

　　토머스 모어가 그린 가상의 공간이 바로 유토피아(Utopia)
입니다. 그 유토피아 사람들은 우리와 다르다고 해요. 그중
하나는 정신적 쾌락을 으뜸으로 친다고 하는 것입니다.

　　우리가 정신적 쾌락에 몰두할 때 사회는 한결 아름다워
집니다. 오늘 이후로는 정신적 쾌락과 양심을 소중히 하는
사람으로 살아가면 어떨까요.

□ 읽기
□ 결심하기
□ 인생 문장

거장의 말

우리는 모두 매일 다른 사람이다.

스크린의 기억, 시네마 명언 1000_김태현

스티븐 스필버그는 지구상에 생존해 있는 홀로코스트 희생자들의 증언을 영상으로 만들어 영구히 보존하기 위해 수년에 걸쳐 비디오로 녹화했습니다. 그는 자신의 창의적인 면모로 유의미한 성과를 이룬 감독으로도 알려졌지만, 민족의 아픔을 되새기는 정의감도 갖고 있었던 것이죠. 이 과정에서 그는 순간순간 자신을 같은 사람이 아닌 다른 사람으로 느꼈다고 합니다.

오늘은 스필버그처럼, 다른 사람의 삶에 관심을 가져보세요. 매일 새로운 나를 만나는 기분이 들 것입니다.

DAY
354

☐ 읽기
☐ 결심하기
☐ 인생 문장

외모가 아닌 내면

지혜로운 사람은 본 것을 이야기하지만,
어리석은 사람은 들은 것을 이야기한다.

유대인 탈무드 명언_김태현

좋은 관계를 맺고, 좋은 인연을 만들기 위해서는 보는 눈이 있어야 합니다. 보는 눈이란, 외모만이 아니라 사람의 내면을 꿰뚫어 보는 눈입니다. 우리의 감각은 외모의 세계만을 인식하지만, 본질은 존재의 더 깊은 층을 감지하죠.

오늘은 '이해'를 궁극적인 목표로 설정한 뒤, 타인을 관찰해보세요. 평소 문제였던 관계를 해결할 수 있는 실마리를 찾을 수 있을 것입니다.

DAY
355

☐ 읽기
☐ 결심하기
☐ 인생 문장

부드러운 관계 연습

자기가 보낸 미소는 자기에게 다시 돌아온다.

기막힌 존재감_앤드류 리

미소는 부드러운 인간관계를 여는 열쇠입니다. 스페인 내란 시 적군의 포로가 되어 수감생활을 하고 있던 생텍쥐페리는 교도관에게 불을 빌려달라고 말했습니다. 그리고는 가까이와 성냥을 켜는 교도관을 향해 미소를 지어 보였습니다. 잠시 후 교도관은 아무 말 없이 감옥 문을 열고 그를 조용히 밖으로 나가게 했습니다.

이렇듯 미소는 신비의 힘을 지니고 있습니다. 오늘은 사람들을 향해 가볍게 미소 지어보세요. 그들도 나에게 미소로 화답할 것입니다.

☐ 읽기
☐ 결심하기
☐ 인생 문장

좋은 사람이 되려면

남의 마음에 들기 위해 산다는 건 엄청난 잘못이다.

좋은 사람 콤플렉스_듀크 로빈슨

　타인의 마음에 들기 위해 산 적이 있지 않나요? 그럴 때 우리는 행복하지 않았습니다. 언제나 다른 사람의 눈치만 봐야 하기 때문이죠. 타인의 인정이 우리의 삶의 기준일 때 우리는 불행해집니다. 중요한 것은 바로 자신입니다. 자신에게 만족하는 삶을 살 때 우리는 행복해집니다.

　오늘은 타인이 아닌 자신의 마음에 드는 사람이 되기 위해 노력해 보세요.

밑지지 않는 선택

인간관계는 쇼핑과 다르다. 인간관계는 좋은 파트너를
'선택하는 일이 아니라, 좋은 파트너가 '되는' 일이다.

아프니까 청춘이다_김난도

사람들을 자꾸만 '밑지지 않는' 선택을 하려고 합니다. 하지만 사람의 욕심은 끝이 없어서 상대방이 주는 것은 항상 내가 생각하는 것보다 부족할 수밖에 없습니다. 반대로 내가 먼저 주려고 한다면 그것 역시 끝이 없을 것이고, 그 과정에서 한없는 만족과 기쁨을 느낄 수 있을 것입니다.

오늘부터는 남의 덕을 보려는 마음을 없애보세요.

두려움의 감정을 이겨내고

> 부자가 두려움에도 불구하고 행동을 시작하는 반면에
> 가난한 사람은 두려움 때문에 행동하지 못한다.
>
> 백만장자 시크릿_하브 에커

두려움에도 행동을 개시하는 사람은 부를 얻습니다. 하지만 두려워서 움직이지 못하는 사람은 가난해집니다. 두려움을 이겨낸 사람만이 성공을 이룰 수 있죠.

오늘부터는 두려움의 감정을 이겨내고 한 걸음 나아가는 용기를 지녀야 할 것입니다.

☐ 읽기
☐ 결심하기
☐ 인생 문장

단점 바라보기

우리는 단점까지도 포함해서
현재 자신의 모습을 사랑하고 인정해야 한다.

최고의 삶_조엘 오스틴

흔히 단점은 고쳐야 하는 것으로 생각합니다. 학창시절 선생님들의 영향 때문인 것도 같습니다. 하지만, 약점과 단점 없는 사람은 없습니다. 그렇다면 우리는 그것을 어떻게 바라보아야 할까요?

오늘부터는 자신의 모습을 사랑하고 인정해보세요. 자신의 약점과 단점을 받아들였을 때 그것은 더 이상 우리의 장애물이 아닙니다.

☐ 읽기
☐ 결심하기
☐ 인생 문장

여행의 목적

자신을 한 발 떨어져 바라보는 가장 좋은 방법은 여행이다.

생각만 하는 사람 생각을 실현하는 사람_이노우에 히로유키

여행은 직접 떠나보기 전에는 상상할 수 없을 만큼 인생에 크고 값진 선물을 안겨줍니다. 아주 낯선 곳에서 낯선 사람들과 만나는 시간은 자신을 완전히 다른 각도에서 바라보게 하기도 하죠.

여행을 새로운 아이디어를 만들어내는 변화의 계기로 활용한다면 이보다 값진 활동은 없을 것입니다. 여행이 부담스럽다면 가벼운 산책이라도 해 보세요. 효과적인 시간이 될 것입니다.

☐ 읽기
☐ 결심하기
☐ 인생 문장

내가 필요로 하는 사람

사람들에게 완벽하게 보이려고 하면 할수록
사람들은 당신에게서 멀어진다.

사람을 얻는 기술_레일 라운즈

　사람들과 좋은 관계 속에서 지내는 것은 누구나 바라는 일입니다. 하지만 모든 사람과 친구가 될 수는 없죠. 그렇다고 적을 만들어서도 안 됩니다. 그 타협점은 어디일까요? 그것은 바로 상대방을 있는 그대로 인정하는 것입니다. 나와 같은 사람을 좋아하지만 나와 다르다고 미워할 필요는 없는 것입니다.

　오늘은 나와 다른 상대라도 먼저 다가서 보세요.

☐ 읽기
☐ 결심하기
☐ 인생 문장

열정에 불붙이기

자신이 잊은 걸 상기시켜 주니까
사람들은 다른 사람들의 열정에 끌리게 되어 있어.

스크린의 기억, 시네마 명언 1000_김태현

〈라라랜드〉의 이야기는 꿈과 열정에서 시작됩니다. 재즈 피아니스트 '세바스찬'과 배우 지망생 '미아'에게 꿈은 생계를 힘들게 만들기도, 사랑의 장애물이 되기도 합니다. 하지만 인생에서 가장 비참한 순간에도 두 사람은 함께 미완성인 서로의 무대를 채워가며 성장합니다.

오늘은 세바스찬과 미아처럼 각자의 노력하는 모습을 보며 열정을 불태울 수 있는 사람이 있는지 생각해 보세요.

□ 읽기
□ 결심하기
□ 인생 문장

일괄거래 인생

인생은 일괄거래다. 원하는 것만 주고받을 수 없고
고통이나 슬픔 등도 모두 떠안고 가야 한다.

인생의 진정한 법칙_캔 드럭

가난하다고 불행하기만 한 것도 아니고 부자라고 행복하기만 한 것도 아닙니다. 오히려 행복과 불행이라는 양극단에만 집착할 때, 평범한 일상 속에서 느낄 수 있는 평화로움을 놓칠 수 있습니다. 그런 평화야말로 힘 안 들이고 받을 수 있는 인생의 선물인데도 말입니다.

오늘은 원하는 것만 주고받으려는 욕심 때문에 기분을 망치기보다는 일상 속의 평화로움에 감사하며 하루를 보내보세요.

☐ 읽기
☐ 결심하기
☐ 인생 문장

과감하게 정리하라

올바르게 끝맺을 능력이 없다면,
늘 전전긍긍하고 불안해할 것이다.

끝맺음에 서툰 당신에게_헨리 클라우드

　　많은 책을 읽기 위해 여러 권의 책을 동시에 읽는 사람이 있습니다. 그러면 끝까지 읽는 책도 있고 그러지 못하는 책도 있을 것입니다. 하지만 몇 달이 지나도 다 읽지 못한 책들은 그 상태로 끝내 버려야 합니다. 그래야만 다른 새로운 책들을 계속해서 읽을 수 있으니까요.

　　해야 할 일은 오랫동안 붙들고 있지 말아야 하며, 진척이 없을 때는 과감하게 정리하고 새 일을 시작해야 합니다.

□ 읽기
□ 결심하기
□ 인생 문장

현재를 즐겨라

인디오 부족 중에는 '현재형'만 사용하는 부족이 있다.
'잠에서 깬다' '사냥하러 간다' ' 먹는다'

내일을 걱정하지 마라_다쿠 가와모토

과거를 반성하고 미래를 계획하는 일은 필요합니다. 하지만 거기에 얽매여 현재를 놓치면 안 되죠. 아마존 인디오들은 지나간 일을 후회하지도 않고, 내일을 걱정하지도 않는다고 합니다. 영화 '죽은 시인의 사회'의 대사로 유명한 '카르페 디엠(Carpe diem; 현재를 즐겨라)'처럼 말입니다.

아마존 인디오들처럼 오늘만큼은 오늘에 충실한 하루를 만드는 데에 집중해보세요.

부록

하루하나 365일, 챌린지 인생 문장

_____ 인생문장집

"본문 체크박스 인생 문장 중에서 20개를 선정하여
나만의 인생문장집을 만들어보세요."

01.

02.

03.

04.

05.

06.

07.

08.

09.

10.

11.

12.

13.

14.

15.

16.

17.

18.

19.

20.

1년은 사람이 바뀔 수 있는 충분한 시간

하루하나 365일, 챌린지 인생 문장

초판 1쇄 발행 2023년 1월 2일

지은이 | **조희**
기획 편집 총괄 | **호혜정**
편집 | **김민아**
기획 | **이보슬**
표지·본문 디자인 | **이선영**
교정교열 | **호혜정 김수하**
마케팅 | **이지영 김경민**
펴낸곳 | **리텍 콘텐츠**
주소 | **서울시 용산구 원효로 162 세원빌딩 606호**
전화 | **02-2051-0311**   팩스 | **02-6280-0371**
이 메 일 | **ritec1@naver.com**
홈페이지 | **http://www.ritec.co.kr**
페이스북 | 블로그 | 카카오스토리채널 | **[책속의 처세]**
ISBN | **979-11-86151-57-0 (03190)**

상상력과 참신한 열정이 담긴 원고를 보내주세요. 책으로 만들어 드립니다.
원고투고: ritec1@naver.com